MULTICULTURALISME

Charles Taylor

MULTICULTURALISME

Différence et démocratie

avec des commentaires de
Amy GUTMANN, Steven C. ROCKEFELLER,
Michael WALZER, Susan WOLF

traduit de l'américain par
Denis-Armand CANAL

Champs essais

Titre original : *Multiculturalism and « the Politics of Recognition »*
© 1992, Princeton University Press, Princeton.
© Aubier 1994, pour la traduction française.
© Éditions Flammarion, Paris, 2009, pour la présente édition.
ISBN : 978-2-0812-2877-1

Pour Laurance S. Rockefeller

PRÉFACE ET REMERCIEMENTS

Ce volume a d'abord été conçu pour marquer l'inauguration de l'*University Center for Human Values*, à l'université de Princeton. Fondé en 1990, ce Centre assure enseignement, recherche et débats publics sur les questions fondamentales touchant aux valeurs morales que recouvrent les disciplines académiques traditionnelles. L'une de ces questions essentielles est de savoir quel genre de communauté l'on peut créer et perpétuer à partir de la diversité des hommes que nous sommes. Des sociétés de plus en plus interdépendantes, dont les cultures, les gouvernements et les religions sont si différents, disposent aujourd'hui de pouvoirs inouïs de création et de destruction. Les collèges et les universités comme Princeton sont devenus eux-mêmes des communautés culturelles pluralistes. Ce pluralisme croissant s'accompagne d'un scepticisme généralisé sur la possibilité de défendre quelque principe moral que ce soit. Or, les problèmes moraux qui se posent à nous sont nombreux et beaucoup mettent en question notre capacité à les traiter selon la raison.

Les problèmes éthiques de notre temps défient toute institution universitaire investie d'une mission d'éducation allant au-delà du développement et de la diffusion de connaissances empiriques et de processus techniques. Des gens dont les perspectives morales diffèrent peuvent-ils néanmoins raisonner ensemble de manière à engendrer une meilleure compréhension éthique ? Le Centre universitaire relève ce défi en assurant une formation dont l'objectif principal est d'examiner les valeurs morales et les différents critères selon lesquels les individus et les groupes font leurs choix et évaluent leur mode de vie tout autant que celui des autres. Par l'enseignement, la recherche et les débats qu'il propose, le Centre universitaire encourage l'étude systématique des valeurs éthiques et les influences mutuelles de l'éducation, de la philosophie, de la religion, de la politique, des métiers, des arts, de la littérature, de la science, de la technique et de la vie morale. La promesse d'une meilleure compréhension éthique réside largement dans la pratique éducative. Si les universités ne s'attachent pas à pousser la réflexion individuelle et collective sur les valeurs humaines jusqu'à ses limites, qui s'en chargera ?

Bien des personnes dévouées ont contribué à créer le Centre universitaire – beaucoup plus que je n'en puis mentionner ici. Lorsque Harold T. Shapiro fit son discours d'inauguration en tant que dix-huitième président de l'université de Princeton, en 1988, il insista sur l'importance du rôle de l'université à encourager la recherche éthique, « non pour promulguer un ensemble de doctrines à destination de la société, mais plutôt pour affirmer que les étudiants et la faculté étudient les problèmes importants de notre condition humaine – et maintiennent toujours ouverte la quête d'alternatives ». Le président Shapiro a fidèlement exécuté ses paroles en soutenant la création du Centre.

J'ai eu le grand plaisir de travailler avec un groupe d'enseignants et de chercheurs de plusieurs disciplines différentes qui ont directement créé ce Centre

– et indirectement ce volume. Parmi eux se trouvent John Cooper, George Kateb, Alexander Nehamas, Albert Raboteau, Alan Ryan, Jeffrey Stout et Robert Wuthnow, tous membres du comité exécutif qui ont travaillé sans ménager leur temps. Helen Nisenbaum, directrice adjointe, l'a rejoint juste à temps pour surveiller le programme des conférences inaugurales. Elle a également contribué de manière inappréciable à élaborer ce volume, du début à la fin. Valerie Kanka, assistante au Centre, s'est occupée des détails innombrables avec autant d'allant que de sérieux.

De la part de tous ceux qui ont contribué à créer le Centre et de tous ceux qui profiteront de sa création, je remercie Laurance S. Rockefeller (promotion 1932), dont les vues claires et généreuses ont rendu cette institution possible. Nous lui dédions ce volume inaugural.

AMY GUTMANN,
directrice du
Centre universitaire pour les valeurs humaines.

INTRODUCTION

par Amy Gutmann

Les institutions publiques – c'est-à-dire les services gouvernementaux, les écoles, les collèges et les universités – ont été sévèrement critiquées, ces derniers temps : on leur a reproché de ne pas reconnaître ni respecter l'identité culturelle spécifique des citoyens. Aux Etats-Unis, la controverse se concentre le plus souvent sur les revendications des Américains d'origine africaine, asiatique ou indienne, et sur celles des femmes. On pourrait facilement ajouter d'autres groupes à cette liste et celle-ci se modifierait si nous nous déplacions dans le monde. C'est qu'il est difficile de trouver aujourd'hui une société démocratique – ou en passe de l'être – qui ne soit pas le cadre de quelque débat important pour savoir si (et comment) ses institutions publiques peuvent mieux reconnaître l'identité des minorités culturelles défavorisées. Que signifie, pour des citoyens à l'identité culturelle différente (souvent fondée sur des critères ethniques, raciaux, sexuels ou religieux) d'être reconnus comme égaux dans le domaine de la vie politique ? dans la manière dont les enfants sont éduqués dans les écoles publiques ? dans les cursus et la politique sociale des collèges et des universités libres ?

Cet ouvrage s'attache donc au problème du multiculturalisme et de la politique de reconnaissance, tel
qu'il se manifeste aujourd'hui dans les sociétés
démocratiques, particulièrement aux Etats-Unis et
au Canada, bien que les problèmes moraux fondamentaux soient les mêmes dans beaucoup d'autres
démocraties. Cette question est récurrente dans les
démocraties libérales parce qu'elles sont engagées, en
principe, dans la représentation égale de tous. Une
démocratie abandonne-t-elle des citoyens en nous
excluant ou en nous différenciant d'une manière
moralement équivoque, lorsque ses principales institutions manquent de prendre en compte notre identité particulière ? Des citoyens à l'identité diverse
peuvent-ils être présentés comme égaux si les institutions publiques ne reconnaissent pas cette identité
particulière, mais seulement leur participation
commune et générale aux libertés civiles et politiques, aux impôts, aux soins de santé et à l'éducation ? Mis à part l'octroi à chacun d'entre nous des
mêmes droits qu'aux autres citoyens, qu'est-ce
qu'implique le fait de respecter l'égalité des personnes ? Quelle est l'importance *publique* de notre
identité en tant qu'hommes ou femmes, Américains
d'origine africaine, asiatique ou indienne, chrétiens,
juifs ou musulmans, Canadiens anglais ou français ?

Comment reconnaître les identités culturelles distinctes des membres d'une société pluraliste ? Force
est d'avouer que le problème du respect ou de la
représentation de ces différences telles que les
observent les institutions publiques est mal posé. Un
courant important du libéralisme contemporain
conduit à justifier cette réaction. Il suggère que
l'insuffisance de notre identification par les institutions au service du public, le caractère impersonnel
de ces mêmes institutions, constituent le prix que les
citoyens devraient accepter de payer pour vivre dans

une société qui nous traite tous en égaux, sans tenir compte de nos particularités ethniques, religieuses, raciales ou sexuelles. C'est précisément la neutralité de la sphère publique – laquelle comprend non seulement les services gouvernementaux, mais aussi les institutions comme Princeton et autres universités privées – qui protège et garantit notre liberté et notre égalité de citoyens. Selon cette conception, celles-ci ne se rapportent qu'à nos caractéristiques communes – nos besoins généraux, indépendamment de nos spécificités culturelles, concernant les revenus, la santé, l'éducation, la liberté de religion, de conscience, d'expression, de presse et d'association, l'accès à la justice, le droit de vote et le droit d'accès à la fonction publique. Ce sont là des intérêts partagés par presque tout le monde, indépendamment de la race, de la religion, de l'ethnie ou du sexe. Il s'ensuit que les institutions publiques n'ont ni besoin ni même obligation de chercher à reconnaître nos spécificités culturelles lorsqu'elles nous traitent en citoyens libres et égaux.

Doit-on ainsi en conclure que toutes les demandes de reconnaissance formulées par des groupes particuliers, souvent au nom du nationalisme ou du multiculturalisme, sont des exigences *non libérales*? La conclusion est assurément trop hâtive. Il convient d'enquêter davantage sur les implications profondes de la liberté et de l'égalité des citoyens. La plupart des hommes ont-ils besoin d'un solide contexte culturel pour donner une signification et une perspective à leurs choix existentiels? S'il en est ainsi, un contexte culturel assuré compte alors au nombre des biens fondamentaux, indispensables pour espérer vivre ce que la plupart des hommes identifient comme la vie idéale; les Etats démocratiques libéraux sont donc requis d'aider les minorités défavorisées à préserver leur culture contre les intrusions des cultures majoritaires ou de « masse ». Reconnaître et traiter les membres de certains groupes comme égaux semble désormais exiger des institutions publiques la reconnaissance plutôt que l'ignorance des particularités culturelles, au moins pour ceux dont la conscience qu'ils ont d'eux-mêmes dépend de la vitalité de leur culture. Cette exigence de reconnaissance politique d'une spécificité culturelle – étendue à tous les individus – est compatible avec une forme d'universalisme qui range la culture et le contexte culturel propres à certains individus parmi leurs intérêts fondamentaux.

Toutefois, les problèmes surgissent lorsque nous venons à considérer le *contenu* des diverses cultures. Une société démocratique libérale doit-elle respecter, par exemple, les cultures dont la prétention à la supériorité ethnique ou raciale est contraire à d'autres ? Si oui, comment le respect d'une culture revendiquant la supériorité peut-il se concilier avec l'engagement à traiter tous les hommes comme égaux ? Si une démocratie libérale ne peut ni ne doit respecter ce genre de cultures « suprématistes », même si elles sont hautement appréciées par un grand nombre de défavorisés, quelles sont précisément les limites morales à fixer aux demandes légitimes de reconnaissance politique que présentent les cultures particulières ?

Ces problèmes de reconnaissance politique pour les groupes culturels minoritaires comptent aujourd'hui parmi les plus aigus et les plus épineux pour beaucoup de sociétés démocratiques (ou en voie de démocratisation). Charles Taylor présente à ce sujet un point de vue original dans son essai « La politique de reconnaissance », repris de sa conférence inaugurale au Centre universitaire pour les valeurs humaines, à l'université de Princeton.

Taylor part des controverses politiques qui se sont exacerbées à propos du nationalisme, du féminisme et du multiculturalisme, pour présenter une perspective nourrie d'histoire et de philosophie sur l'essentiel de la demande faite par beaucoup de groupes : les institutions publiques doivent reconnaître leur identité particulière. Dans l'Ancien Régime, lorsqu'une minorité pouvait être assurée de ses honneurs (en tant que « seigneur » ou « dame »), tandis que la majorité ne pouvait aspirer à une reconnaissance publique, l'exigence de reconnaissance était inutile pour le petit nombre et futile pour la masse. Seul l'effondrement des hiérarchies sociales stables a généralisé et banalisé l'exigence de reconnaissance publique, avec le concept de dignité égale pour tous les individus. Tous sont égaux – « M. », « Mme » ou « Mlle » – et tout le monde entend être reconnu comme tel. Autant et pas plus.

Mais les revendications des citoyens égaux dans la sphère publique sont plus problématiques et plus conflictuelles que notre appréciation de l'effondrement des honneurs aristocratiques ne nous le laisse présumer. Taylor met en lumière les questions que pose la tentative ingénieuse faite par Jean-Jacques Rousseau et ses disciples pour satisfaire le besoin de reconnaissance publique – perçu comme universel – en transformant l'égalité humaine en identité. La politique de reconnaissance selon Rousseau, telle que Taylor la caractérise, est en même temps méfiante vis-à-vis de toute différenciation sociale et accueillante aux tendances niveleuses – voire totalitaires – d'une politique visant *le* bien commun, où celui-ci reflète l'identité universelle de tous les citoyens. L'exigence de reconnaissance peut être satisfaite sur cette base, mais seulement après avoir été socialement et politiquement disciplinée de sorte que les gens tirent orgueil d'être un peu plus que des citoyens égaux et s'attendent donc à être reconnus en public *seulement* en tant que tels. Taylor objecte avec justesse que c'est un prix trop élevé à payer pour la politique de reconnaissance.

Les démocraties libérales, malgré Rousseau, ne sauraient considérer la citoyenneté comme une identité qui englobe tout, parce que premièrement, les gens sont des individus uniques, enfants et créateurs de leurs œuvres, comme John Stuart Mill et Ralph Waldo Emerson l'ont reconnu; et que deuxièmement, les gens sont aussi « porteurs de culture », la culture qu'ils véhiculent différant selon qu'on les identifie par rapport à leur passé ou par rapport à leur présent. La conception d'êtres humains uniques, auto-innovants et créateurs, ne doit pas être confondue avec la représentation d'individus « atomistiques » créant leur identité *de novo* et poursuivant leurs finalités indépendamment les uns des autres. Une partie de l'unicité des individus résulte de la façon dont ils intègrent, reflètent et modifient leur propre héritage culturel et celui des autres gens avec qui ils entrent en contact. Selon Taylor, l'identité humaine est créée « dialogiquement », en réponse à nos relations avec les autres, dialogues réels compris. La dichotomie instaurée par certains théoriciens politiques entre individus « atomistiques » et individus socialement structurés est donc fausse. Si l'identité humaine est construite et constituée « dialogiquement », alors la reconnaissance publique de notre identité requiert une politique qui nous laisse de la place pour délibérer publiquement sur ces aspects de l'identité que nous partageons – réellement ou potentiellement – avec d'autres citoyens. Une société qui reconnaît l'identité individuelle sera une société démocratique délibérative, parce que l'identité individuelle est partiellement constituée par des dialogues collectifs.

Etant donné la tendance totalitaire de la quête rousseauiste pour une politique reconnaissant intégralement l'identité des citoyens, Taylor soutient que les institutions publiques ne devraient pas – en fait, qu'elles ne peuvent pas – refuser simplement de répondre à la demande de reconnaissance pour les citoyens. L'exigence antirousseauiste d'être publiquement reconnu comme une *spécificité* est aussi compréhensible qu'elle est problématique et sujette à controverse. Nous ne sommes pas d'accord, par exemple, pour qu'au nom de l'égalité des créatures humaines, la société traite les femmes de la même façon que les hommes, en considérant la grossesse comme une forme d'incapacité physique, ou différemment selon les aspects de notre identité liés évidemment à notre sexe – en caractérisant l'identité sociale de la plupart des femmes américaines comme porteuses et nourrices d'enfants. Nous ne sommes pas d'accord lorsque les élèves afro-américains sont mieux soignés que d'autres par les écoles publiques, avec un cursus spécialement prévu pour mettre en valeur la culture afro-américaine remplaçant le cursus commun à tous les élèves. L'exigence de reconnaissance, animé par l'idéal de dignité humaine, indique au moins deux directions : vers la protection des droits fondamentaux des individus en tant qu'êtres humains et vers la reconnaissance des besoins spécifiques des individus comme membres de groupes culturels spécifiques. Taylor traite aussi sérieusement les deux partis en présence; il ne suit aucune mode, pas plus qu'il n'offre de solution simple là où il n'y en a pas.

Dans leurs commentaires sur l'essai de Taylor, Susan Wolf, Steven C. Rockefeller et Michael Walzer ne le font pas davantage lorsqu'ils suggèrent de nouvelles façons de concevoir la relation entre notre identité personnelle et notre pratique politique.

Wolf se penche sur les défis du féminisme et de l'éducation multiculturelle. Bien que la situation des femmes soit souvent comparée à celle des minorités culturellement désavantagées, Wolf suggère qu'il existe une distinction critique entre les deux cas. Si la reconnaissance politique des contributions et qualités distinctives des cultures minoritaires est souvent considérée comme une façon de traiter en égaux les membres de ces cultures, en revanche la reconnaissance politique de la spécificité des femmes en tant que telles est identifiée à la considération de leur inégalité et à l'attente (voire à l'exigence) qu'elles se tiennent dans des places clairement « féminines » et subordonnées dans la société. Et pourtant, leur demande de reconnaissance publique est semblable et tout aussi importante que celle de plusieurs minorités. La reconnaissance publique pleine et entière comme citoyens égaux peut requérir deux formes de respect : respect pour l'identité unique de chaque individu, sans considération de sexe, de race ou d'ethnie, et respect pour ces activités, pratiques et conceptions du monde particulièrement appréciées par – ou associées à – des groupes désavantagés : femmes, Américains d'origine asiatique, africaine ou indienne (et une multitude d'autres groupes aux Etats-Unis).

Steven C. Rockefeller s'attache à juste titre aux excès de la seconde exigence : le respect pour les individus s'identifiant à des groupes culturels particuliers. Si les membres de groupes sont *publiquement* identifiés aux caractéristiques, pratiques et valeurs de leur groupe, on pourrait se demander si notre identité particulière – de Canadiens français ou anglais; d'hommes ou de femmes; d'Américains d'origine asiatique, africaine ou indienne; de chrétiens, de juifs ou de musulmans – ne va pas remplacer notre identité plus universelle comme personnes dignes de respect mutuel, de liberté civile et politique, et de

chances de vie décente par la seule vertu de notre
humanité et de l'égalité qu'elle implique. La
reconnaissance de l'unicité et de l'humanité individuelles de chacun est au cœur de la démocratie libérale, entendue comme mode de vie politique et personnelle. La valeur démocratique libérale de
diversité ne peut donc pas être accaparée par le
besoin de préserver à travers le temps des cultures
distinctes et uniques qui fournissent à chaque groupe
de gens une culture et une identité assurées pour
eux-mêmes et pour leur descendance. Rockefeller
suit John Dewey en rattachant au contraire la valeur
de diversité à celle d'élargissement des horizons
culturels, intellectuels et spirituels de tous les individus, enrichissant ainsi notre monde en nous ouvrant
à des perspectives culturelles et intellectuelles différentes, et en accroissant du même coup nos possibilités de développement et d'exploration intellectuels et spirituels.

Cette conception démocratique libérale minimise-
t-elle le besoin humain d'une identité culturelle sûre
et distincte? Il est probablement impossible de le
dire avec certitude, à la lumière du nombre relative-
ment petit des démocraties développées dans notre
monde. Ainsi, pour mettre à l'épreuve cette conception démocratique, nous pourrions supposer que son
idéal d'individus prospérant dans une société mobile
et multiculturelle sous-estime réellement le besoin
des gens – en tant que membres de groupes ethniques, linguistiques et plus généralement culturels –
pour la reconnaissance publique et la préservation de
leur identité culturelle particulière. Même à la
lumière de ce défi, la vision démocratique libérale
offre un antidote moralement important et politiquement utile à la demande de reconnaissance culturelle
telle qu'elle est communément présentée au nom de
groupes distincts. La démocratie libérale se méfie des

demandes visant à enregistrer une politique de préservation d'identité pour les groupes séparés ou la
survivance de subcultures qui ne fleuriraient pas
autrement par la simple association de citoyens. Et
pourtant, les institutions démocratiques, plus que
n'importe quelles autres, tendent à ouvrir à leurs
citoyens un ensemble très différencié de valeurs
culturelles. Partant, une démocratie libérale enrichit
nos possibilités; elle nous permet de reconnaître la
valeur de cultures variées et nous enseigne par là
même à apprécier la diversité, pas simplement pour
l'amour d'elle-même, mais parce qu'elle accroît la
qualité de la vie et de l'étude. La défense démocratique libérale de la diversité s'appuie sur une perspective universaliste plutôt que particulariste.

Mais quelle est exactement la perspective universaliste en fonction de laquelle une démocratie libérale considère et apprécie le multiculturalisme ? Partant de l'analyse de Taylor, Walzer suggère qu'il
pourrait y avoir non pas une, mais deux perspectives
universalistes, largement acceptées par des gens qui
croient en gros en l'égalité des hommes, et pas entièrement institutionnalisées dans les sociétés démocratiques libérales : « Traitez tous les gens comme des
êtres libres et égaux. » Mais il existe deux interprétations plausibles et historiquement influentes de
ce principe. Une perspective requiert la neutralité
politique entre les diverses conceptions (souvent
conflictuelles) de la vie idéale dans une société pluraliste. Le modèle de cette perspective est la doctrine
américaine de séparation de l'Eglise et de l'Etat, dans
laquelle l'Etat non seulement protège la liberté religieuse de tous les citoyens, mais évite également
autant que possible d'identifier l'une de ses propres
institutions avec une tradition religieuse particulière.

La seconde perspective démocratique et libérale,
également universaliste, ne repose sur la neutralité ni

pour les conséquences ni pour les justifications des politiques publiques; elle autorise plutôt les institutions publiques à seconder les valeurs culturelles particulières, à trois conditions : les droits fondamentaux de tous les citoyens – y compris les libertés d'expression, de pensée, de religion et d'association – doivent être protégés; personne n'est manipulé (ni contraint, naturellement) pour accepter les valeurs culturelles qui sont représentées par les institutions publiques; et les fonctionnaires et les institutions publiques qui font les choix culturels en sont démocratiquement responsables, non seulement en principe, mais aussi en pratique. L'exemple de cette perspective est l'aide démocratique à – et le contrôle sur – l'éducation aux Etats-Unis. Dans le même temps que notre constitution requiert la séparation de l'Eglise et de l'Etat, elle accorde aux divers Etats de l'Union une grande latitude pour fixer le contenu culturel de l'éducation des enfants. Loin de requérir la neutralité, la politique américaine de l'éducation encourage les communautés locales à donner aux écoles publiques une partie de leur propre image culturelle, dans la mesure où celle-ci ne viole pas les droits fondamentaux tels que la liberté de conscience ou la séparation de l'Eglise et de l'Etat.

Walzer voit ces deux perspectives universalistes comme définissant deux conceptions différentes du libéralisme, la seconde étant plus démocratique que la première. Dans la mesure où ce qu'il appelle le « libéralisme 2 » autorise les communautés démocratiques à fixer la politique publique dans les limites générales du respect des droits individuels, il les autorise également à choisir des politiques plus ou moins neutres parmi les identités culturelles particulières des groupes. Parce que le « libéralisme 2 » est démocratique, il peut choisir le « libéralisme 1 » – la neutralité d'Etat – par consensus démocratique.

Walzer estime que c'est ce que les Etats-Unis ont démocratiquement choisi. Et le « libéralisme 1 » choisi dans le cadre du « libéralisme 2 » est aussi ce que l'auteur préfère, parce qu'il tient compte de la signification même des Etats-Unis comme société d'immigrants, où chaque groupe culturel est libre de se tirer d'affaire, mais non d'enrôler l'Etat pour soutenir ou reconnaître ses projets culturels particuliers.

Lorsque j'écoute les voix discordantes qui se sont élevées sur le multiculturalisme lors de récents débats, je trouve difficile de dire ce que nous avons choisi en tant que société, au moins à ce niveau d'abstraction. Mis à part le difficile problème – peut-être inéluctable – de se représenter ce que « nous » avons choisi, c'est peut-être une méprise de penser que nous avons choisi (ou eu besoin de choisir) un libéralisme ou l'autre pour *toutes* nos institutions et politiques publiques. Peut-être les deux universalismes sont-ils mieux interprétés non pas comme deux conceptions distinctes et politiquement globales, mais comme deux courants d'une conception unique de la démocratie libérale qui recommande – et requiert même, à l'occasion – la neutralité étatique dans certains domaines comme la religion, mais non dans d'autres, comme l'éducation, où des institutions démocratiquement responsables sont libres de refléter les valeurs d'une ou plusieurs communautés culturelles aussi longtemps qu'elles respectent également les droits fondamentaux de tous les citoyens. La dignité d'êtres libres et égaux requiert des institutions démocratiques libérales qu'elles soient non répressives, non discriminatoires et ouvertes aux discussions. Ces contraintes de principe laissent le champ aux institutions publiques pour reconnaître les identités culturelles particulières de ceux qu'elles représentent. Cette conclusion identifie la démocratie libérale *à la fois* avec la protection des droits universels *et* avec la reconnaissance publique des cultures particulières, quoique pour des raisons sensiblement différentes de celles que Taylor recommande. Les résultats des délibérations démocratiques compatibles avec le respect des droits individuels (libertés d'expression, de religion, de presse, d'association, etc.), mais non la survivance de sous-cultures, renforcent la défense du multiculturalisme.

Conjointement à l'essai de Taylor, les commentaires de Wolf, Rockefeller et Walzer visent à stimuler des débats plus constructifs sur les problèmes du multiculturalisme que ce qui domine actuellement le discours public. Dans ce même esprit, nous pourrions également considérer la question en termes plus proches de nous, en évoquant les controverses qui ont affecté les campus américains : nous y avons assisté à certaines discussions des plus envenimées. Même s'il ne s'agit pas d'une question de vie ou de mort, l'identité politique des Américains, la qualité de notre vie intellectuelle collective, la nature et la valeur de toute formation supérieure sont ici en question. Il est donc juste que les enjeux soient perçus comme importants. Lisons le début d'une tribune libre parue dans le *Wall Street Journal*, au milieu de la controverse qui affectait le *curriculum studiorum* de l'université de Stanford : « L'héritage intellectuel de l'Occident mis à l'épreuve à l'université de Stanford. Beaucoup prédisent sa perte. » La controverse à laquelle se référait l'auteur de l'article, Isaac Barchas (un ancien du département des études classiques de Stanford) tournait autour du contenu du seul programme annuel d'études en « culture occidentale » : les étudiants devaient choisir entre huit cours, tous partageant un tronc commun de quinze œuvres d'auteurs classiques tels que Homère, Platon, Dante et Darwin.

Si Barchas a raison, l'héritage intellectuel de l'Occident avait perdu la partie à Stanford trois ans plus tôt, avec fort peu d'opposition de la part de la faculté. Celle-ci avait voté, par trente-neuf voix contre quatre, le remplacement de l'unité « culture occidentale » par une autre appelée « culture, idées et valeurs », qui comprendrait des œuvres de cultures non européennes, des œuvres féminines et des œuvres américaines de diverses origines (africaine, hispanique, asiatique et indienne) en plus d'un noyau restreint de classiques. Les deux Testaments, Platon, saint Augustin, Machiavel, Rousseau et Marx formant ce noyau restreint.

Lors du débat public qui s'ensuivit pour savoir s'il fallait ou non changer le contenu de ces cours fondamentaux, l'un des deux partis en présence – appelons-le celui des « essentialistes » – faisait valoir que diluer les auteurs de base au milieu de nouvelles œuvres, pour le simple plaisir d'inclure des voix non encore entendues, reviendrait à abandonner les valeurs de la civilisation occidentale au bénéfice des errances du relativisme, de la tyrannie des sciences sociales, de la frivolité des modes et de tout leur cortège obligé de calamités intellectuelles et politiques. Le parti opposé – appelons-le celui des « déconstructionnistes » – rétorquait que préserver le noyau dur en excluant les contributions des femmes et des Américains de diverses origines à la civilisation, comme si le canon classique était sacro-saint, inchangé et immuable, reviendrait à dénigrer l'identité des membres de ces groupes précédemment exclus et à fermer la civilisation occidentale aux influences des idées non orthodoxes et dérangeantes, pour perpétuer à loisir le sexisme, le racisme, l'eurocentrisme, l'étroitesse d'esprit, la tyrannie de la Vérité (avec un grand « V »), et tout leur cortège obligé de calamités intellectuelles et politiques.

Dans ce débat entre essentialistes et déconstructionnistes, ce que l'on entend n'est rien à côté de la valeur des enjeux. Si l'héritage intellectuel de l'Occident a été mis à l'épreuve à Stanford et dans d'autres universités où l'on a décidé de changer les cursus fondamentaux, la partie a été perdue avant même l'ouverture du procès. Ni l'héritage intellectuel occidental ni l'idéal démocratique libéral de l'éducation supérieure ne sauraient être préservés par la décision d'exiger ou non de chaque étudiant plusieurs cours sur quinze, trente ou cent grands ouvrages. Pas davantage notre héritage ne peut être déraciné par la décision de diminuer le nombre des livres canoniques afin de faire une place à des œuvres nouvelles, moins établies, moins largement appréciées, voire moins durables, qui parlent plus explicitement aux expériences ou expriment mieux le sens de l'aliénation sociale des femmes et des minorités défavorisées. La raison n'est pas que la civilisation occidentale risque de ne pas résister ou de tomber pour des décisions si infimes. Un long cortège d'abus apparemment minimes peut engendrer une grande révolution – comme nous autres Américains devrions le savoir – entre les peuples.

Une autre raison s'est perdue lors du débat public. L'éducation libérale – une éducation propre à modeler la vie d'un citoyen libre et égal dans toute démocratie moderne – requiert bien plus que la lecture de grands livres, quoique ceux-ci constituent une aide indispensable. Nous avons aussi besoin de lire et de réfléchir sur les livres, donc d'en faire un objet d'enseignement dans un esprit d'enquête libre et ouverte – à la fois celui de la citoyenneté démocratique et celui de la liberté individuelle. La culture de cet esprit est aidée par une plongée dans des livres essentiels comme *La République* de Platon, qui nous ouvrent des vues éloquemment originales et systématiquement ordonnées sur la vie et la société idéales.

Mais l'éducation libérale échoue si l'intimidation nous conduit à une acceptation aveugle de ces conceptions, ou si leur manque de familiarité nous pousse à les rejeter instinctivement.

Ces deux signes d'échec se manifestent trop souvent lors des controverses sur le multiculturalisme dans les collèges et les universités. En résistant à la substitution d'œuvres nouvelles aux anciennes, les essentialistes suggèrent que les perspectives et les vérités des anciennes seront perdues par une substitution, même partielle, ce qui est typique de l'enjeu d'un débat comme celui de Stanford ; mais la préservation de vérités éprouvées n'est pas l'une des meilleures raisons pour inclure des classiques dans toute liste de lectures exigées pour être au niveau universitaire. Pourquoi ne pas dire que de grandes œuvres comme *La République* de Platon ou *La Politique* d'Aristote sont parmi les plus stimulantes pour tout esprit qui souhaite réfléchir soigneusement, systématiquement et de manière critique sur la politique ? C'est l'idolâtrie intellectuelle, non l'ouverture et la subtilité philosophiques, qui revendique cette idée – fréquemment énoncée, mais rarement défendue – selon laquelle les plus grandes œuvres philosophiques (estimées selon les critères d'originalité et d'éloquence, de raisonnement systématique, de profondeur morale ou d'intelligence politique, d'influence sur nos idées sociales transmises) contiennent la plus grande sagesse aujourd'hui accessible sur tous les sujets importants.

Les idées d'Aristote sur l'esclavage sont-elles plus éclairantes que celles de Frederick Douglass ? Les arguments de Thomas d'Aquin sur la désobéissance civile sont-ils plus défendables que ceux de Martin Luther King ou de John Rawls ? Si tel n'est pas le cas, pourquoi ne pas inscrire sur la liste *The Autobiography of Frederick Douglass,* « Letter from Bir-

mingham City Jail » et *Théorie de la Justice* à côté de
La Politique et de la *Somme théologique* ? Bien que la
conception rousseauiste des femmes soit à la hauteur
du féminisme contemporain, les vues de Jean-
Jacques sont beaucoup moins crédibles ou stimulantes, sur le plan intellectuel, que celles de Virginia
Woolf, de Simone de Beauvoir ou de Toni Morrison.
De la même façon, Hannah Arendt propose une analyse du mal politique qui va au-delà de tout philosophe politique canonique. Si les essentialistes
ouvraient explicitement leur argumentation
publique à la possibilité que les classiques ne
contiennent pas nécessairement des vérités exhaus-
tives ou intemporelles sur tous les sujets d'importance, ils pourraient modérer leurs critiques et
reconnaître la recevabilité de certaines réformes proposées pour créer davantage de cursus multiculturels.

Il existe un important obstacle interne sur la voie
de la modération : certains essentialistes gardent en
réserve la conviction que les classiques – spécialement les œuvres de Platon et d'Aristote – sont la clef
de vérités morales et politiques intemporelles, celles
de la nature humaine. Dans l'esprit de Robert Maynard Hutchins, les essentialistes invoquent souvent
Platon, Aristote et la « nature » comme éléments de
référence intangibles. L'argument explicitement for-
mulé par Hutchins, mais seulement suggéré par
Allan Bloom et d'autres critiques contemporains, se
résume à peu près comme suit : la forme la plus
achevée de la nature est la même en Amérique qu'à
Athènes, comme devrait être identique le contenu de
toute formation supérieure, s'il s'agit d'être fidèle à
ce qu'il y a de plus élevé dans la nature humaine, aux
vertus intellectuelles cultivées dans leur plus grande
perfection. La formulation de Hutchins, lapidaire,
est ainsi conçue : « Education implique enseigne-

ment. Enseignement implique connaissance. Connaissance est vérité. La vérité est partout la même. Partant, l'éducation devrait être partout la même. Je ne néglige pas la possibilité de différences dans l'organisation, l'administration, les habitudes et les coutumes locales. Mais ce sont des détails [1]. » Les essentialistes vénèrent et invoquent les grandes œuvres comme les éléments de référence pour juger à la fois les œuvres « inférieures » et les sociétés qui ne peuvent pas vivre – inévitablement – selon les critères de Platon ou d'Aristote.

Nul besoin de dénigrer les grandes œuvres ou de défendre un relativisme sans repères pour se soucier de la manière dont le critique essentialiste du multiculturalisme participe au culte intellectuel des idoles. Comparons seulement le système de défense essentialiste à l'approche que Ralph Waldo Emerson fait des livres, comme on le voit dans « The American Scholar ». Le point de vue d'Emerson est un défi capital à l'essentialisme et aucun critique contemporain ne l'a relevé : « La théorie des livres est noble. [...] Mais personne n'est entièrement parfait. De même qu'aucune pompe à air ne peut faire un vide parfait, de même aucun artiste ne peut entièrement exclure le conventionnel, le local, le périssable de son ouvrage, ou écrire un livre de pensée pure susceptible d'être aussi efficace pour une postérité lointaine que pour les contemporains, ou plutôt pour la seconde époque [2]. » Emerson ne dit pas que, parce que même les meilleurs livres sont sensiblement conventionnels et enracinés dans un contexte social particulier, nous devrions les lire d'abord pour ce qu'ils reflètent de leur époque, plutôt que pour ce

---

1. Robert Maynard Hutchins, *The Higher Learning in America*, New York, Yale University Press, 1936, p. 66.
2. Ralph Waldo Emerson, « The American Scholar », dans *Selected Essays*, éd. par Larzer Ziff, New York, Viking Penguin, 1982, p. 87.

qu'ils peuvent nous dire de notre temps. Nous pouvons toujours apprendre beaucoup de choses sur la condition humaine dans *La République* de Platon, ou sur nos devoirs envers l'Etat dans le *Criton*. Mais nous ne saurions apprendre rien de profond sur l'obligation, encore moins quelque chose d'utilisable sur la condition humaine, en lisant Platon, Aristote ou le corpus entier des œuvres canoniques.

« Chaque époque, conclut Emerson, doit écrire ses propres livres [1]. » Pourquoi ? Parce que les gens bien éduqués, à l'esprit ouvert, et les citoyens démocrates et libéraux doivent penser pour eux-mêmes. Dans les démocraties libérales, l'objectif premier des universités libres n'est pas de fabriquer des rats de bibliothèques, mais de cultiver des gens volontaires et capables de se gouverner eux-mêmes dans leur vie d'hommes et de citoyens. « Les livres sont la meilleure des choses, bien utilisés, dit encore Emerson, mais au nombre des pires lorsqu'on les utilise mal. Quel est le bon usage ? [...] Ils ne servent à rien d'autre qu'à inspirer [2]. »

Ce serait aussi une forme d'idolâtrie intellectuelle de prendre chaque mot d'Emerson comme parole d'Evangile. Les livres font mieux qu'inspirer. Ils nous unissent aussi dans une communauté – ou des communautés – de savoir. Ils nous enseignent notre héritage intellectuel et notre culture, aussi bien que les cultures étrangères. Les universités américaines peuvent aspirer à être plus internationales, mais, dans la juste mesure où notre cursus des arts libéraux, conjointement à notre corps d'étudiants, est toujours fondamentalement américain, il est vital – comme le suggère Wolf dans ses commentaires – que les universités reconnaissent qui « nous » sommes lorsqu'elles défendent un cursus de base qui parle à

1. Ralph Waldo Emerson, *op. cit.*
2. *Ibid.*, p. 88.

« notre » environnement, « notre » culture et « notre » héritage intellectuel. Ce n'est pas parce que les étudiants peuvent s'identifier uniquement avec les œuvres écrites par des auteurs de la même race, de la même ethnie ou du même sexe, mais parce que ce sont des livres écrits par des – et traitant de – femmes et d'Américains d'origines diverses, qui « parlent » à des parties négligées de notre héritage et de notre condition humaine, et plus sagement que ne le font certaines œuvres canoniques. Bien que les injustices sociales nous affectent tous, la négligence de la littérature non canonique est perçue de manière aiguë par ceux qui s'identifient aux laissés pour compte, et l'on a raison de penser que l'exclusion de telles œuvres reflète le manque de respect pour les membres de ces groupes, ou le dédain à l'égard de leur identité culturelle. La critique du canon *per se* ne devrait pas être assimilée au tribalisme ou au particularisme. Emerson n'était coupable ni de l'un ni de l'autre lorsqu'il avançait que chaque époque doit écrire – et probablement aussi lire – ses propres livres.

Radicalement opposés à l'essentialisme, les déconstructionnistes dressent un obstacle différent à l'éducation démocratique libérale lorsqu'ils nient la nécessité des critères intellectuels partagés que les spécialistes et les étudiants venus de divers univers culturels pourraient utiliser pour évaluer notre éducation commune. Même si les déconstructionnistes ne refusent pas la possibilité de références partagées, ils considèrent ces critères communs comme des masques de la volonté de puissance politique des groupes hégémoniques. Cet argument réductionniste sur les critères intellectuels est souvent avancé par des groupes sous-représentés à l'université et défavorisés dans la société, mais on comprend mal l'aide qu'ils peuvent en retirer. L'argument est autodépréciatif, à la fois logiquement et pratiquement. Par sa logique interne, le déconstructionnisme n'apporte rien de plus contre l'idée que les critères intellectuels sont des masques de la volonté de pouvoir politique, sinon que cela reflète aussi la volonté de pouvoir des déconstructionnistes. Mais pourquoi, dans ces conditions, s'encombrer de vie intellectuelle, qui n'est ni la plus rapide – à coup sûr – ni même la plus satisfaisante des voies vers le pouvoir politique, si c'est bien le pouvoir politique qui se trouve réellement en jeu ?

Le déconstructionnisme aussi est impraticable. Si les critères intellectuels sont politiques au sens où ils reflètent les intérêts antagonistes et la volonté de puissance des groupes particuliers, alors les groupes défavorisés n'ont d'autre choix que d'accepter les critères hégémoniques que la société impose à l'université et que l'université, à son tour, leur impose. Le moins puissant ne saurait espérer voir ses critères s'imposer, spécialement si leurs porte-parole institutionnels proclament que les critères intellectuels ne sont rien de plus que des assertions ou des reflets de la volonté de puissance.

La perspective déconstructionniste sur l'université non seulement se défait elle-même, mais elle le fait d'une dangereuse façon. Les déconstructionnistes n'*agissent* pas comme s'ils croyaient que les critères communs sont impossibles. Ils agissent – et parlent souvent – comme s'ils croyaient que le cursus universitaire *devait* inclure des œuvres traitant des groupes défavorisés ou provenant d'eux. Une certaine version de cette position, comme nous l'avons vu, n'est pas indéfendable pour des raisons universalistes. Il reste que la réduction de tous les désaccords intellectuels à des conflits d'intérêts de groupe n'a aucune valeur. Cela ne résiste ni à l'évidence ni à un argument raisonné. N'importe qui doutant de cette conclusion

pourrait essayer de démontrer de façon non tautolo-
gique que les arguments *les plus forts* pour et contre
la légalisation de l'avortement – non pas les arguments présentés par les politiciens mais les arguments philosophiques les plus élaborés et les plus
convaincants – reflètent simplement la volonté de
puissance, la classe et le sexe de ceux qui les
avancent.

Le réductionnisme de l'intelligence et de la discussion à l'intérêt politique menace de politiser l'université de manière plus profonde et plus destructrice
que jamais auparavant. Je dis « menace » parce que le
déconstructionnisme n'a pas encore « submergé »
l'université, comme certains critiques le proclament.
Mais la menace anti-intellectuelle et « politisante »
qu'il fait peser n'en est pas moins réelle. Une bonne
partie de la vie intellectuelle, spécialement dans les
humanités et les sciences sociales « douces », dépend
du dialogue entre gens raisonnables qui ne sont pas
d'accord sur les réponses à apporter à quelques questions fondamentales sur la valeur de différentes idées
et réalisations littéraires, politiques, économiques,
religieuses, éducatives, scientifiques et esthétiques.
Les collèges et les universités sont les seules institutions sociales majeures ayant pour but de modeler la
connaissance, la compréhension, le dialogue intellectuel et la recherche d'arguments raisonnés dans de
multiples directions possibles. La menace du
déconstructionnisme à l'encontre de la vie intellectuelle universitaire est double : elle refuse *a priori*
qu'il y ait des réponses raisonnables aux questions
fondamentales, et elle ramène chaque réponse à un
exercice de pouvoir politique.

Considérée sérieusement selon ses propres termes,
la défense déconstructionniste d'un cursus plus multiculturel apparaît elle-même comme une affirmation du pouvoir politique au nom des exploités et des

opprimés, plutôt qu'une réforme intellectuellement
défendable. Le déconstructionnisme présente les critiques du multiculturalisme – si raisonnables soient-
elles – comme politiquement rétrogrades et indignes
de respect intellectuel. Face aux incertitudes et aux
désaccords de la raison, là où les essentialistes réagissent en invoquant plutôt qu'en défendant des vérités intemporelles, les déconstructionnistes réagissent
en écartant systématiquement les points de vue
divergents, sous le prétexte qu'ils sont également
indéfendables pour des raisons intellectuelles. La vie
intellectuelle est alors « déconstruite » en un champ
de bataille de classes, de sexes et d'intérêts raciaux,
analogie qui ne rend pas justice à la politique démocratique dans ce qu'elle a de meilleur, laquelle n'est
pas simplement une opposition de groupes d'intérêts
rivaux. Mais l'image transmise de la vie universitaire
– l'arène véritable de l'activité déconstructionniste –
est plus dangereuse parce qu'elle peut créer sa
propre réalité, transformant les universités en
champs de bataille politiques plutôt qu'en communautés mutuellement respectueuses de leurs désaccords intellectuels.

Les déconstructionnistes et les essentialistes sont
en désaccord sur la valeur et le contenu d'un cursus
multiculturel. Le désaccord est exacerbé par l'aspect
de jeu à somme nulle qu'est le choix entre œuvres
canoniques et œuvres plus récentes, lorsque quelques cours fondamentaux nécessaires deviennent le
centre de discussions académiques et publiques sur
ce qui constitue une éducation idéale. Pourtant, le
désaccord sur les livres indispensables et la manière
de les lire n'est pas catastrophique en lui-même.
Aucun cursus universitaire ne peut inclure tous les
livres ni représenter toutes les cultures dignes de
reconnaissance dans une éducation démocratique et
libérale. Aucune société libre – à plus forte raison

aucune université de maîtres et d'étudiants indépen-
dants – ne peut davantage s'attendre à être d'accord sur
des choix difficiles entre biens rivaux. La cause
d'inquiétude sur les controverses actuelles à propos du
multiculturalisme et le cursus universitaire est plutôt
que les partis les plus bruyants, dans ces disputes,
paraissent peu enclins à défendre leurs vues devant les
gens avec qui ils sont en désaccord, pas plus qu'à cultiver sérieusement la possibilité de changement face à
une critique bien raisonnée. Au lieu de cela, dans une
réaction égale et opposée, les essentialistes et les
déconstructionnistes expriment un dédain réciproque
plutôt que du respect pour leurs différences. Ils créent
ainsi, au sein de la vie universitaire, deux cultures
intellectuelles mutuellement exclusives et dépourvues
de respect, écartant toute volonté d'apprendre quelque
chose de l'autre parti ou de lui reconnaître une quelconque valeur. Dans la vie politique, il existe en gros
un problème parallèle de non-respect et de défaut de
communication constructive entre les porte-parole des
groupes ethniques, religieux et raciaux – problème qui
débouche trop souvent sur la violence.

La permanence de plusieurs cultures mutuellement exclusives et non respectueuses n'est pas le
principe moral du multiculturalisme, en politique ou
en matière d'éducation. Ce n'est pas non plus une
vision réaliste : ni les universités ni les administra-
tions ne peuvent effectivement rechercher leurs
objectifs de valeur sans respect mutuel entre les
cultures variées qu'elles contiennent. Mais tous les
aspects de la diversité culturelle ne sont pas dignes
de respect. Certaines différences – racisme et anti-
sémitisme sont des exemples évidents – ne devraient
absolument pas *être respectées,* même si l'expression
de positions racistes et antisémites doit *être tolérée.*

La controverse sur les campus universitaires au
sujet de propos racistes, ethniques, sexistes ou anti-

homosexuels – ou de toute autre forme de discours agressif dirigé contre les membres de groupes défavorisés – illustre la nécessité d'un vocabulaire moral partagé qui soit plus riche que nos droits à un discours libre. Supposons que l'on reconnaisse aux membres d'une communauté universitaire le droit d'exprimer des positions racistes, antisémites, sexistes et antihomosexuelles, à condition de ne menacer personne. Que reste-t-il à dire des propos racistes, sexistes, antisémites et antihomosexuels qui sont devenus de plus en plus communs sur les campus? Rien, si notre vocabulaire moral commun se limite au droit de liberté d'expression, sauf à contester ces propos sur la base même de la liberté d'expression. Mais dans ces conditions, le débat public passera rapidement du contenu pernicieux du discours au droit de libre parole de l'orateur.

Tout reste à dire, cependant, si l'on peut distinguer entre différences fondées sur la tolérance et différences fondées sur le respect. La tolérance s'étend à la gamme de points de vue la plus vaste, aussi longtemps qu'ils s'interdisent toute menace et autres torts directs et discernables envers les individus. Le respect est beaucoup plus discriminant. Bien que nous n'ayons pas besoin d'être d'accord avec une position pour la respecter, il nous faut la comprendre comme reflétant un point de vue moral. Un partisan déclaré de l'avortement, par exemple, devrait être capable de comprendre comment une personne moralement sérieuse peut, sans autres arrière-pensées, être opposée à sa légalisation. De sérieux arguments moraux peuvent être adressés contre celle-ci, et vice versa. Une société multiculturelle est contrainte d'inclure une vaste gamme de désaccords moraux respectables qui nous laissent la possibilité de défendre nos positions devant des gens moralement sérieux avec qui l'on n'est pas d'accord, et par là même d'apprendre à

partir de nos différences. De cette façon, on pourra
faire vertu de la nécessité de nos désaccords moraux.

Il n'y a pas de vertu dans la misogynie, dans la
haine raciale ou ethnique, ou dans la rationalisation
de l'intérêt égoïste et de l'intérêt de groupe se pré-
tendant connaissance historique ou scientifique.
Aucun respect n'est à observer pour les idées qui
méprisent ouvertement les intérêts des autres et ne
prennent donc pas une position authentiquement
morale, ou qui rendent radicalement inadmissibles
les prétentions empiriques (d'infériorité raciale, par
exemple) non fondées sur des critères d'évidence
publiquement partagés ou facilement accessibles.
Les incidents de discours haineux sur les campus
universitaires tombent dans cette catégorie de discours non respectables. Les slogans racistes et antisémites sont indéfendables sur le plan moral comme
sur celui de l'expérience, et ils n'ajoutent rien au
débat ou à la vie intellectuelle démocratiques. Ils
reflètent le refus de traiter les hommes en égaux,
ainsi que la mauvaise grâce (ou l'incapacité) à fournir des témoignages publiquement accessibles et tendant à prouver que d'autres groupes de population
sont fondamentalement inférieurs à soi-même et à
son propre groupe. Le discours de haine viole
l'injonction morale la plus élémentaire d'avoir à respecter la dignité de tout être humain, et ne fait que
préjuger de l'infériorité fondamentale des autres.

Comme toute communauté consacrée à la
recherche intellectuelle, les universités devraient
accorder la protection la plus large à la liberté
d'expression. Mais tout en protégeant le droit de chacun à la parole, les communautés universitaires n'ont
pas besoin d'être – et ne doivent pas rester – silen-
cieuses face à des propos racistes, antisémites ou
autres de même nature non respectable. Les
membres des communautés universitaires – ensei-

gnants, étudiants et administratifs – peuvent utiliser leur droit d'expression pour dénoncer des discours non respectables en les montrant tels qu'ils sont : mépris flagrant des intérêts des autres, rationalisation de l'égoïsme ou des intérêts de groupe, préjugés ou pure haine de l'humanité. Aucun profit intellectuel ne peut être gagné directement à partir du contenu d'un discours non respectable. Même ainsi, les incidents de discours haineux défient les membres des communautés démocratiques libérales d'énoncer les présupposés moraux les plus fondamentaux qui les unissent. Nous nous manquons à nous-mêmes et – plus important – nous manquons les objectifs du discours de haine si nous ne répliquons pas à ce mépris souvent irréfléchi, parfois ivre, pour les critères les plus élémentaires de la décence humaine.

Les désaccords moraux respectables, par ailleurs, appellent le débat, non la dénonciation. Les collèges et les universités peuvent servir de modèle pour le débat, en encourageant les discussions intellectuelles rigoureuses, honnêtes, ouvertes et intenses, à l'intérieur et à l'extérieur des salles de cours. La volonté et la capacité de délibérer sur nos différences respectables font également partie de l'idéal politique démocratique. Les sociétés multiculturelles et les communautés qui militent pour la liberté et l'égalité de tous les peuples sont fondées sur le respect mutuel à l'égard des différences intellectuelles, politiques et culturelles raisonnables. Le respect mutuel requiert une bonne volonté répandue et une capacité à énoncer nos désaccords, à les défendre devant ceux avec qui nous ne sommes pas d'accord, à faire la différence entre les désaccords respectables et ceux qui ne le sont pas, et à garder l'esprit ouvert jusqu'à modifier notre opinion en face d'une critique bien argumentée. La promesse morale du multiculturalisme dépend du libre exercice de ces vertus de discussion.

LA POLITIQUE DE RECONNAISSANCE

par Charles Taylor

I

Plusieurs courants politiques actuels tournent autour du besoin – parfois de l'exigence – de *reconnaissance*. Le besoin, peut-on dire, est l'une des forces à l'œuvre derrière les mouvements politiques nationalistes. Quant à l'exigence, elle vient au premier rang de bien des façons, dans la politique actuelle des groupes minoritaires ou subalternes, dans certaines formes de féminisme et dans ce que l'on appelle aujourd'hui la politique du « multiculturalisme ».

Dans ce dernier cas, l'exigence de reconnaissance prend une certaine acuité du fait des liens supposés entre reconnaissance et identité, où ce dernier terme désigne quelque chose qui ressemble à la perception que les gens ont d'eux-mêmes et des caractéristiques fondamentales qui les définissent comme êtres humains. La thèse est que notre identité est partiellement formée par la reconnaissance ou par son absence, ou encore par la mauvaise perception qu'en ont les autres : une personne ou un groupe de personnes peuvent subir un dommage ou une déformation réelle si les gens ou la société qui les entourent leur renvoient une image limitée, avilissante ou méprisable d'eux-mêmes. La non-reconnaissance ou la reconnaissance inadéquate peuvent causer du tort et constituer une forme d'oppression, en emprisonnant certains dans une manière d'être fausse, déformée et réduite.

Certaines féministes ont ainsi avancé que les femmes, dans les sociétés patriarcales, ont été amenées à adopter une image dépréciative d'elles-mêmes. Elles ont intériorisé l'image de leur propre infériorité, de sorte que, même si certains des obstacles objectifs à leur progression disparaissent, elles peuvent être incapables de tirer parti de ces possibilités nouvelles. Au-delà, elles sont condamnées à subir la torture d'une mauvaise estime de soi. Une analyse analogue a été faite à propos des Noirs : depuis des générations, la société blanche a donné d'eux une image dépréciative à laquelle certains n'ont pas eu la force de résister. De ce point de vue, cette auto-dépréciation devient l'une des armes les plus efficaces de leur propre oppression. Leur premier objectif devrait être de se débarrasser de cette identité imposée et destructrice. Récemment, une analyse similaire a été faite pour les peuples indigènes et colonisés en général. On estime que, depuis 1492, les Européens ont donné d'eux une image inférieure et « non civilisée », et qu'ils ont été capables d'imposer cette image aux peuples subjugués par la force. Le personnage de Caliban symboliserait assez bien ce portrait méprisant des aborigènes du Nouveau Monde.

Dans ces perspectives, le défaut de reconnaissance ne trahit pas seulement un oubli du respect normalement dû. Il peut infliger une cruelle blessure, en accablant ses victimes d'une haine de soi paralysante. La reconnaissance n'est pas simplement une politesse que l'on fait aux gens : c'est un besoin humain vital.

Pour examiner certains des problèmes soulevés, j'aimerais remonter un peu en arrière et considérer d'abord comment ce discours de reconnaissance et d'identité en est venu à nous paraître familier, ou du moins facilement assimilable. Car il n'en a pas toujours été ainsi et nos ancêtres d'il y a quelques siècles nous auraient assurément regardés avec incompréhension si nous avions utilisé ces termes dans leur sens courant. Comment l'affaire a-t-elle commencé ?

Hegel vient immédiatement à l'esprit, avec sa fameuse dialectique du maître et de l'esclave. C'est une étape importante, mais il nous faut remonter un peu plus haut pour voir comment ce passage a pris le sens qu'il a.

On peut distinguer deux changements, dont la conjonction a rendu inévitable la préoccupation moderne d'identité et de reconnaissance. Le premier est l'effondrement des hiérarchies sociales qui avaient pour fondement l'*honneur*. J'emploie ici ce mot au sens de l'Ancien Régime, intrinsèquement lié aux inégalités. En ce sens, pour que certains aient de l'honneur, il est essentiel que tous n'en soient pas dotés. C'est en ce sens que Montesquieu l'emploie dans sa description de la monarchie [1]. C'est aussi le sens dans lequel on emploie le mot lorsque l'on parle d'« honorer » quelqu'un en lui donnant une récompense publique, comme par exemple la Légion d'honneur en France. Il est clair que cette distinction n'aurait aucune valeur si l'on décidait de l'accorder à toute la population adulte du pays.

A côté de cette notion d'honneur, on a la notion moderne de dignité, utilisée à présent en un sens universaliste et égalitaire lorsque l'on parle de la « dignité inhérente à tout être humain » ou de la dignité de citoyen. Le principe sous-jacent est ici que

---

1. « La nature de l'honneur est de demander des préférences et des distinctions [...] » (Montesquieu, *De l'esprit des lois*, livre III, chap. VII, coll. G-F. Flammarion, 1979, p. 149).

chacun en est investi [1]. Il est évident que ce concept de dignité est le seul compatible avec une société démocratique, et que l'ancien concept d'honneur est inéluctablement dépassé. Mais cela a signifié aussi que les formes de reconnaissance égalitaire ont été essentielles à la culture démocratique. Par exemple, le fait que tout le monde s'appelle « M. », « Mme » ou « Mlle », au lieu que certains soient appelés « Monseigneur » ou « Madame » et les autres par leur simple nom – voire, de manière plus méprisante, par leur prénom – a été jugé essentiel dans certaines sociétés démocratiques comme les Etats-Unis. Plus récemment encore, dans ce pays et pour des raisons similaires, « Mrs » et « Miss » ont été regroupées sous l'abréviation « Ms ». La démocratie a inauguré une politique de reconnaissance égalitaire qui a pris différentes formes à travers les années, avant de revenir sous forme d'exigence pour l'égalité de statut des cultures et des sexes.

Toutefois, l'importance de la reconnaissance a été modifiée et intensifiée par la nouvelle conception de l'identité individuelle qui apparaît à la fin du XVIIIe siècle. On pourrait parler d'une identité *individualisée,* particulière à ma personne et que je découvre en moi-même. Cette notion apparaît en même temps qu'un idéal : être fidèle à moi-même et à ma propre manière d'être. Suivant en cela l'usage de Lionel Trilling dans sa brillante étude, j'en parlerai comme d'un idéal d'« authenticité [2] ». Il est utile de décrire en quoi il consiste et comment il est né.

---

1. L'importance de ce déplacement de l'« honneur » à la « dignité » est discutée par Peter Berger dans son « On the Obsolescence of the Concept of Honour », in *Revisions : Changing Perspectives in Moral Philosophy,* éd. par Stanley Hauerwas et Alasdair MacIntyre, Notre Dame (Ind.), University of Notre Dame Press, 1983, pp. 172-181.
2. Lionel Trilling, *Sincerity and Authenticity,* New York, Norton, 1969.

On peut décrire son évolution en voyant son point d'origine dans la notion du XVIIIᵉ siècle selon laquelle les êtres humains sont dotés d'un sens moral et d'un sentiment instinctif pour ce qui est mal et ce qui est bien. Le point de départ de cette doctrine était de combattre une conception rivale, selon laquelle la connaissance du bien et du mal était une affaire d'estimation des conséquences, en particulier de celles qui touchent aux récompenses et aux punitions divines. L'idée était que la perception du bien et du mal n'était pas une affaire de froid calcul, mais s'ancrait profondément dans nos sentiments [1]. C'est ici, en un sens, affaire de moralité.

La notion d'authenticité se développe dans cette idée à partir d'un déplacement de l'accent moral. Sur la conception originale, la voix de l'évidence intérieure est importante, parce qu'elle nous dit ce qu'il faut faire de juste. Etre au contact intime de nos perceptions morales est important comme moyen d'atteindre la fin de l'action juste. Ce que j'appelle le déplacement de l'accent moral se produit lorsque le contact avec ces perceptions prend une importance autonome et vitale. C'est finalement un état que l'on doit atteindre si l'on veut être un être humain au sens plein et véritable du terme.

Pour percevoir ce qui est nouveau ici, il faut considérer l'analogie avec les conceptions morales plus anciennes, là où le contact avec certaines sources – par exemple Dieu, ou l'Idée du Bien – était considéré comme essentiel à la plénitude de l'être. Mais à présent, la source que nous avons à atteindre est au fond de nous-mêmes. Ce fait relève de la conversion massive de la culture moderne au subjectivisme, une

1. J'ai longuement exposé le développement de cette doctrine, d'abord dans l'œuvre de Francis Hutcheson, en m'inspirant des écrits du comte de Shaftesbury et de son opposition à la théorie de Locke, dans *Sources of the Self*, Cambridge (Mass.), Harvard University Press, 1989, chap. 15.

nouvelle forme d'introversion dans laquelle nous
venons à nous penser nous-mêmes comme êtres
dotés de profondeurs intérieures. D'emblée, cette
idée que la source est en nous ne nous empêche nul-
lement d'être liés à Dieu ou aux Idées; on peut
considérer cela comme notre façon personnelle d'y
être rattachés. En un sens, on pourrait y voir simplement un prolongement et un renforcement de l'évolution amorcée par saint Augustin, qui voyait le che-
min vers Dieu passant par la conscience personnelle
de nous-mêmes. Les premières variantes de cette
conception nouvelle ont été théistes, ou au moins
panthéistes.

Le philosophe le plus important qui a aidé à ins-
taurer ce changement a été Jean-Jacques Rousseau.
Je pense qu'il est important non pas parce qu'il a
inauguré le changement; je dirais plutôt que sa
grande popularité vient en partie de ce qu'il énonce
quelque chose qui était déjà, en un sens, présent dans
la culture. Rousseau présente fréquemment la question de la moralité comme « suivre la voix de la
nature » qui est en nous. Cette voix est souvent étouf-
fée par les passions induites par notre dépendance à
l'égard d'autrui, la principale étant l'« amour-
propre ». Notre salut moral vient de la recouvrance
du contact moral authentique avec nous-mêmes.
Rousseau donne même un nom à ce contact intime
avec soi-même, plus fondamental que toute vue
morale, véritable source de joie et de satisfaction : « le
sentiment de l'existence [1] ».

---

1. « Le sentiment de l'existence dépouillé de toute autre
affection est par lui-même un sentiment précieux de contente-
ment et de paix qui suffirait seul pour rendre cette existence
chère et douce à qui saurait écarter de soi toutes les impressions
sensuelles et terrestres qui viennent sans cesse nous en distraire
et en troubler ici-bas la douceur. Mais la plupart des hommes
agités de passions continuelles connaissent peu cet état et, ne
l'ayant goûté qu'imparfaitement durant peu d'instants, n'en

L'idéal d'authenticité devient ensuite crucial par une évolution postérieure à Rousseau et que j'associe au nom de Herder – une fois encore l'énonciateur essentiel de l'idée plutôt que son inventeur. Herder a mis en avant l'idée que chacun de nous a une manière originale d'être humain : chaque personne a sa propre « mesure [1] ». Cette idée a creusé un sillon profond dans la conscience moderne. C'était une idée nouvelle. Avant la fin du XVIIIe siècle, personne ne pensait que les différences entre les hommes avaient ce genre de signification morale. Il existe une certaine façon d'être humain qui est *ma* façon. Je suis appelé à vivre ma vie de cette façon, non à l'imitation de la vie de quelqu'un d'autre. Mais cette notion donne une importance nouvelle à la fidélité que je dois à moi-même. Si je ne le suis pas, je manque l'essentiel de ma vie; je manque ce qu'être humain signifie pour *moi.*

Tel est le puissant idéal moral qui est parvenu jusqu'à nous. Il accorde l'importance morale à une sorte de contact avec moi-même, avec ma propre nature intérieure qu'il voit en danger d'être perdue, partiellement à cause des pressions vers la conformité extérieure, mais aussi parce que, en prenant une attitude instrumentale vis-à-vis de moi-même, il se peut que j'aie perdu la capacité d'écouter la voix intérieure. Cela accroît considérablement l'importance de ce contact avec soi-même, en introduisant le principe d'originalité : chacune de nos voix a quelque chose d'unique à dire. Non seulement je ne dois

conservent qu'une idée obscure et confuse qui ne leur en fait pas sentir le charme » (Rousseau, *Rêveries du promeneur solitaire,* 1782, « Cinquième promenade »).

1. « *Jeder Mensch hat ein eigenes Maass, gleichsam eine eigne Stimmung aller seiner sinnlichen Gefühle zu einander* » (Johann Gottfried Herder, *Ideen,* chap. 7, section 1, in *Herders Sämtliche Werke,* éd. par Bernard Suphan, Berlin, Weidmann, 1877-1913, vol. 13, p. 291).

pas modeler ma vie sur les exigences du confor-
misme extérieur; je ne peux même pas trouver un
modèle de vie à l'extérieur de moi-même. Je ne puis
le trouver qu'en moi [1].

Etre fidèle à moi-même signifie être fidèle à ma
propre originalité qui est quelque chose que moi seul
peux énoncer et découvrir. En l'énonçant, je me
définis moi-même du même coup. Je réalise une
potentialité qui est proprement mon bien. C'est la
notion de base de l'idéal moderne d'authenticité,
pour les objectifs d'accomplissement et de réalisation
de soi dans lesquels l'idéal est habituellement for-
mulé. Je dois remarquer ici que Herder a appliqué sa
conception de l'originalité à deux niveaux, non seulement à la personne individuelle parmi d'autres personnes, mais aussi aux gens porteurs de culture
parmi les autres gens. Tout comme les individus, un
Volk doit être fidèle à lui-même, c'est-à-dire à sa
propre culture. Les Allemands ne doivent pas essayer
d'être des Français dérivés et (inévitablement) de
second choix, comme la férule de Frédéric le Grand
semblait les encourager à l'être. Les peuples slaves
devaient trouver leur propre voie. Et le colonialisme
européen aurait dû se replier pour donner aux
peuples de ce que nous appelons aujourd'hui le tiers
monde leurs chances d'être eux-mêmes libres. On

---

1. John Stuart Mill a été influencé par ce courant de pensée
romantique lorsqu'il a fait de quelque chose approchant l'idéal
d'authenticité le fondement de l'un de ses plus puissants arguments dans *On Liberty*. Voir spécialement le chapitre 3, où il
avance que nous avons besoin de quelque chose de plus que
d'une capacité d'«imitation simiesque» : «*A person whose
desires and impulses are his own – are the expression of his own
nature, as it has been developed and modified by his own culture –
is said to have a character.*» «*If a person possesses any tolerable
amount of common sense and experience, his own mode of laying
out his existence is the best, not because it is the best in itself, but
because it is his own mode*» (John Stuart Mill, *Three Essays*,
Oxford, Oxford University Press, 1975, p. 73, 74 et 83).

pourra reconnaître ici le germe du nationalisme moderne sous ses deux formes – bénigne et maligne.

Ce nouvel idéal d'authenticité était aussi partiellement, comme l'idée de dignité, un produit du déclin de la société hiérarchique. Dans ces sociétés anciennes, ce que nous appellerions maintenant identité était largement déterminé par la position sociale de quelqu'un. Cela signifie que l'arrière-plan expliquant ce que chacun reconnaissait d'important à ses yeux était largement déterminé par sa place dans la société, et par le rôle ou l'activité attachée à cette position. La naissance d'une société démocratique n'écarte pas, par elle-même, ce phénomène, parce que les gens peuvent toujours s'y définir par leur rôle social. Ce qui sape de manière décisive cette identification dérivée de la société, toutefois, est l'idéal d'authenticité lui-même. Lorsqu'il apparaît, par exemple avec Herder, il m'invite à découvrir ma propre façon originale d'être. Par définition, cette manière d'être ne saurait dériver de la société, mais doit être engendrée intérieurement.

Pourtant, en l'occurrence, il n'existe rien de semblable à une génération de l'intérieur, « monologiquement » s'entend. Pour saisir la connexion étroite entre identité et reconnaissance, il nous faut prendre en considération un détail essentiel de la condition humaine que le virage majoritairement « monologique » de la philosophie moderne a rendu presque invisible.

Ce trait essentiel de la vie humaine est son caractère fondamentalement « dialogique ». Nous devenons des agents humains à part entière, capables de nous comprendre nous-mêmes – donc de définir notre identité – grâce à notre acquisition de langages humains riches d'expérience. Pour le présent propos, je souhaite prendre le mot *langage* en un sens large, couvrant non seulement la langue et les mots que

nous utilisons, mais aussi d'autres modes d'expression par lesquels nous nous définissons nous-mêmes,
y compris les « langages » de l'art, de la gestuelle, de
l'amour, etc. Il reste que nous apprenons ces modes
d'expression par des échanges avec les autres. Nous
n'acquérons pas les langages requis pour l'auto-
définition de notre moi. Nous y sommes plutôt ame-
nés par l'interaction avec ceux des autres qui nous
touchent – ce que George Herbert Mead appelait
« les autres donneurs de sens [1] ». La genèse de la pensée humaine, en ce sens, n'est pas « monologique » –
quelque chose que chaque personne accomplirait de
son propre chef – mais bien « dialogique ».

En outre, ce n'est pas simplement un élément
limité à la genèse et qui pourrait être ignoré plus
tard. Nous n'apprenons pas les langues « dialogiquement » pour les utiliser ensuite simplement à des fins
qui nous sont propres. On attend certes de nous que
nous développions nos propres opinions, conceptions
et attitudes envers les choses, et – à un degré considé-
rable – par une réflexion solitaire. Mais ce n'est pas
ainsi que les choses fonctionnent avec les problèmes
importants comme la définition de notre identité.
Nous la définissons toujours au cours d'un dialogue
avec – parfois lors d'une lutte contre – les choses que
nos « autres donneurs de sens » veulent voir en nous.
Même après que nous avons dépassé en taille certains
de ces « autres » – nos parents, par exemple – et qu'ils
ont disparu de nos vies, la conversation avec eux
continue à l'intérieur de nous-mêmes, aussi longtemps que nous vivons [2].

1. George Herbert Mead, *Mind, Self and Society,* Chicago,
University of Chicago Press, 1934.
2. Cette dialogicalité a été explorée par Mikhaïl Bakhtine et
ceux qui se sont inspirés de son œuvre. Sur Bakhtine, voir en
particulier *Problems of Dostoyevsky's Poetics,* trad. par Caryl
Emerson, Minneapolis, University of Minnesota Press, 1984.
Voir aussi Michael Holquist et Katerina Clark, *Mikhail Bakhtin,*

Ainsi, la contribution d'éminents « autres », lors même qu'elle est fournie au début de notre vie, continue indéfiniment. Il est possible que certaines gens veuillent conserver une forme ou l'autre de l'idéal monologique. Il est vrai que nous ne pouvons jamais nous libérer complètement de ceux dont l'amour et les soins nous ont formés au début de notre existence, mais nous devrions nous efforcer de nous définir par nous-mêmes le plus complètement possible, pour arriver à comprendre le mieux possible et ainsi maîtriser d'une certaine façon l'influence de nos parents, en évitant de tomber dans une autre relation de dépendance de nature similaire. Nous avons besoin de relations pour nous accomplir, pas pour nous définir.

L'idéal monologique sous-estime sérieusement la place du dialogique dans la vie humaine. Il souhaite le confiner autant que possible à la genèse. Il oublie comment notre conception du bonheur peut être transformée par la jouissance que nous en avons avec les gens que nous aimons; comment certains biens ne nous deviennent accessibles que grâce à cette jouissance commune. Pour cette raison, il en coûterait de gros efforts – et probablement beaucoup de ruptures déchirantes – pour *prévenir* la formation de notre identité par les gens que nous aimons. Considérons ce que nous entendons par *identité*. Cela représente qui nous sommes, « d'où nous venons », etc. En tant que tel, c'est l'arrière-plan sur lequel nos goûts, nos désirs, nos opinions et nos aspirations prennent leur sens. Si certaines choses que j'apprécie le plus ne me sont accessibles que par la relation avec la personne que j'aime, celle-ci devient alors partie de mon identité.

Cambridge (Mass.), Harvard University Press, 1984; et James Wertsch, *Voices of the Mind*, Cambridge (Mass.), Harvard University Press, 1991.

Pour certains, cela peut apparaître comme une limitation dont on souhaiterait se libérer. C'est une façon de comprendre l'élan qui est derrière la vie de l'ermite ou – pour prendre un cas plus familier à notre culture – de l'artiste solitaire. Mais, dans une autre perspective, nous pourrions considérer que ces vies aussi aspirent à une certaine forme de « dialogique ». Dans le cas de l'ermite, l'interlocuteur est Dieu ; dans le cas de l'artiste solitaire, l'œuvre est destinée à un public futur qui reste peut-être à créer par elle-même. La forme même d'une œuvre d'art montre son caractère d'objet « destiné à [1] ». Toutefois, de quelque manière qu'on le ressente, la constitution et l'entretien de notre identité, en l'absence d'effort héroïque pour briser l'existence ordinaire, restent dialogiques notre vie durant.

Ainsi, ma découverte de ma propre identité ne signifie pas que je l'élabore dans l'isolement, mais que je la négocie par le dialogue, partiellement extérieur, partiellement intérieur, avec d'autres. C'est la raison pour laquelle le développement d'un idéal d'identité engendré intérieurement donne une importance nouvelle à la reconnaissance. Ma propre identité dépend vitalement de mes relations dialogiques avec les autres.

Naturellement, l'essentiel n'est pas que cette dépendance des autres soit née avec l'âge de l'authenticité. Il y a toujours eu là une forme de dépendance. L'identité socialement dérivée est, par sa nature même, dépendante de la société. Pourtant, dans les premiers temps, la reconnaissance ne s'est jamais présentée comme un problème. La reconnais-

---

1. Voir Bakhtine, « The Problem of the Text in Linguistic, Philology and the Human Sciences », in *Speech Genres and Other Late Essays,* éd. Caryl Emerson et Michael Holquist, Austin, University of Texas Press, 1986, p. 126, pour cette notion d'un « super-destinataire », au-delà de nos interlocuteurs existants.

sance générale a été incorporée dans l'identité socialement dérivée par le fait même qu'elle était fondée
sur des catégories sociales que chacun considérait
comme garanties. Alors qu'une identité originale,
intérieure et personnelle ne bénéficie pas de cette
reconnaissance *a priori*. Elle doit la gagner par
l'échange et la tentative peut échouer. Ce qui est
apparu avec l'époque moderne n'est pas le besoin de
reconnaissance, mais les conditions dans lesquelles la
tentative, pour être reconnue, peut échouer. C'est la
raison pour laquelle le besoin n'est pas reconnu pour
la première fois. Dans les temps prémodernes, les
gens ne parlaient pas d'« identité » ou de « reconnaissance » – non pas parce que les gens n'avaient pas ce
que nous appelons une identité, ou parce qu'ils ne
dépendaient pas de la reconnaissance, mais plutôt
parce qu'ils avaient trop peu de problèmes pour être
systématisés en tant que tels.

Il n'est pas surprenant que nous trouvions certains
des principes idéologiques concernant la dignité du
citoyen et la reconnaissance universelle – même si se
n'est pas dans ces termes-là – chez Rousseau, que j'ai
voulu identifier comme l'une des sources du discours
moderne sur l'authenticité. Jean-Jacques est un critique féroce de l'honneur hiérarchique, ou des « préférences ». Dans un passage significatif du *Discours
sur l'inégalité*, il souligne le moment décisif où la
société dégénère en corruption et injustice, lorsque le
peuple commence à désirer une estime préféren-
tielle [1]. Au contraire, il voit la source de la santé

---

1. Rousseau décrit ainsi les premières assemblées : « Chacun
commença à regarder les autres et à vouloir être regardé soi-
même, et l'estime publique eut un prix. Celui qui chantait ou
dansait le mieux ; le plus beau, le plus fort, le plus adroit ou le
plus éloquent devint le plus considéré, et ce fut là le premier
pas vers l'inégalité et vers le vice en même temps » (*Discours sur
l'origine et les fondements de l'inégalité parmi les hommes*) G-F.
Flammarion, p. 228.

sociale dans une société républicaine où tous peuvent également partager l'attention publique [1]. Mais le thème de la reconnaissance reçoit son traitement le plus riche d'avenir chez Hegel [2].

L'importance de la reconnaissance est aujourd'hui universellement reconnue sous une forme ou sous une autre; en notre for intérieur, nous sommes tous conscients à quel point notre identité peut être formée ou déformée au cours de nos contacts avec « les autres donneurs de sens ». Sur le plan social, nous avons une politique continue de reconnaissance égalitaire. Les deux plans ont été modelés par l'idéal grandissant d'authenticité et la reconnaissance joue un rôle essentiel dans la culture qui est née autour de cet idéal.

Sur le plan personnel, on peut voir à quel point une identité originale a besoin d'une reconnaissance donnée ou retenue par des « autres donneurs de sens », à quel point elle y est vulnérable. Rien d'étonnant à ce que, dans la culture de l'authenticité, ces relations soient vues comme les lieux clefs de la découverte et de l'affirmation de soi. Les relations d'amour ne sont pas importantes seulement en raison de l'accent général mis dans la culture moderne sur l'accomplissement des besoins ordinaires. Elles sont également importantes parce qu'elles sont les creusets de l'identité engendrée intérieurement.

1. Voir, par exemple, le passage des *Considérations sur le gouvernement de Pologne* où il décrit l'ancienne assemblée populaire à laquelle tout le peuple prenait part. Voir aussi le passage parallèle de la *Lettre à d'Alembert sur les spectacles*; le principe fondamental était qu'il ne devait pas y avoir de distinction entre acteurs et spectateurs, mais que tout devait être vu par tous : « Mais quels seront enfin les objets de ces spectacles? Qu'y montrera-t-on? Rien, si l'on veut. [...] Donnez les spectateurs en spectacle; rendez-les acteurs eux-mêmes; faites que chacun se voie et s'aime dans les autres, que tous en soient mieux unis. »
2. Voir Hegel, *Phénoménologie de l'esprit*, chap. IV, trad. J.-P. Lefebvre, Aubier, 1991.

Sur le plan social, la conception selon laquelle les identités sont formées en dialogue ouvert, modelées par un scénario social prédéfini, a rendu la politique de reconnaissance égalitaire plus fondamentale et davantage chargée de tensions. Elle a, de fait, considérablement augmenté les enjeux. La reconnaissance égalitaire n'est pas simplement le mode approprié pour une société démocratique en bonne santé. Son refus peut infliger un dommage à ceux à qui on la refuse, conformément à une conception moderne que j'ai indiquée au début. La projection d'une image inférieure ou dépréciative peut effectivement déformer et opprimer à un point tel que l'image soit intériorisée. Non seulement le féminisme contemporain, mais aussi les relations de race et les discussions sur le multiculturalisme sont sous-tendus par l'idée que le déni de reconnaissance peut être une forme d'oppression. On peut débattre de l'exagération éventuelle de ce facteur, mais il est clair que l'idée d'identité et d'authenticité a introduit une dimension nouvelle dans la politique de reconnaissance égalitaire, qui fonctionne maintenant avec quelque chose qui ressemble à sa propre notion de l'authenticité, tout au moins en ce qui concerne la dénonciation des déformations induites par les autres.

II

Le discours de reconnaissance nous est ainsi devenu familier sur deux plans : d'abord, dans la sphère privée, où l'on comprend la formation de l'identité et du moi comme prenant place dans un dialogue et une lutte continués avec les autres qui nous importent. Puis dans la sphère publique, où la

politique de reconnaissance égalitaire a fini par jouer
un rôle de plus en plus grand. Certaines théories
féministes ont essayé de montrer les liens entre les
deux sphères [1].

J'aimerais concentrer la présente analyse sur la
sphère publique et tenter d'élaborer ce qu'une politique de reconnaissance égalitaire a signifié et pourrait signifier.

En fait, cette politique en est venue à signifier
deux choses passablement différentes, liées respec-
tivement aux deux changements majeurs que j'ai
décrits. Avec le passage de l'honneur à la dignité est
venue une politique d'universalisme mettant en
valeur l'égale dignité de tous les citoyens, et le
contenu de cette politique a été l'égalisation des
droits et des attributions. Ce qu'il faut éviter à tout
prix est l'existence de citoyens de « première » et de
« seconde classe ». Naturellement, le détail des
mesures actuelles justifiées par ce principe a grande-
ment varié, et a souvent fait l'objet de controverses.
Pour certains, l'égalisation a affecté seulement les
droits civiques et le droit de vote; pour d'autres, elle
s'est étendue à la sphère socio-économique. Les gens
que leur pauvreté empêche systématiquement de
remplir la plupart de leurs droits de citoyens sont
estimés avoir été relégués à un statut de seconde
classe qui nécessite d'y remédier à travers l'égalisation. Toutes les positions – même les plus réaction-
naires – sont aujourd'hui défendues sous les couleurs

1. Plusieurs courants ont relié ces deux plans, mais les dernières années ont peut-être vu une prééminence spéciale accordée à un féminisme orienté psychanalytiquement qui enracine
les inégalités sociales dans la première éducation des hommes
et des femmes. Voir, par exemple, Nancy Chodorow, *Feminism
and Psychoanalytic Theory*, New Haven, Yale University Press,
1989; et Jessica Benjamin, *Bonds of Love : Psychoanalysis, Feminism and the Problem of Domination*, New York, Pantheon,
1988.

de ce principe. Sa plus importante victoire récente a été remportée par le « mouvement des droits civiques », aux Etats-Unis, dans les années soixante. Il faut remarquer que même les adversaires de l'extension du droit de vote aux Noirs, dans les Etats du Sud, ont trouvé un prétexte compatible avec l'universalisme, comme ces « examens » à faire subir aux candidats-électeurs au moment de leur enregistrement.

Au contraire, le second changement – le développement de la notion moderne d'identité – a donné naissance à une politique de la différence. Il existe aussi naturellement un fondement universaliste à cela, qui tend à la confusion entre les deux. *Tout le monde* devrait être reconnu en fonction de son identité unique. Mais la reconnaissance signifie ici quelque chose d'autre. Avec la politique d'égale dignité, ce qui est établi est censé être universellement le même, un ensemble identique de droits et de privilèges ; avec la politique de la différence, ce que l'on nous demande de reconnaître, c'est l'identité unique de cet individu ou de ce groupe, ce qui le distingue de tous les autres. L'idée est que c'est précisément cette distinction qui a été ignorée, passée sous silence, assimilée à une identité dominante ou majoritaire. Et cette assimilation est le péché majeur contre l'idéal d'authenticité [1].

Ce qui est sous-jacent aujourd'hui à l'exigence de reconnaissance est un principe d'égalité universelle. La politique de la différence dénonce toutes les discriminations et refuse toute citoyenneté de seconde

---

1. Cette accusation trouve son meilleur exemple, dans une perspective féministe, avec la critique par Carol Gilligan de la théorie du développement moral de Lawrence Kohlberg ; selon Gilligan, celle-ci privilégie une seule facette de raisonnement moral, précisément celle qui tend à prédominer chez les garçons plutôt que chez les filles. Voir Gilligan, *In a Different Voice,* Cambridge (Mass.), Harvard University Press, 1982.

classe. Cela fait du principe d'égalité universelle une
porte d'entrée à la politique de dignité. Une fois à
l'intérieur, toutefois, les exigences sont difficilement
assimilables à cette politique. Elle demande en effet
que l'on accorde une reconnaissance et un statut à
quelque chose qui n'est pas universellement partagé.
Autrement dit, nous n'accordons de reconnaissance
légitime qu'à ce qui est universellement présent –
chacun a une identité – et ce par la reconnaissance
de ce qui est particulier à chacun. L'exigence universelle promeut la reconnaissance de la spécificité.

La politique de la différence croît organiquement
à partir de la politique de la dignité universelle, grâce
à l'un de ces glissements dont nous sommes depuis
longtemps familiers, où une nouvelle conception de
la condition sociale humaine confère une signification radicalement nouvelle à un vieux principe. De
même qu'une vue des êtres humains déterminés par
leur condition socio-économique a modifié la
compréhension de la citoyenneté de seconde classe,
de sorte que cette catégorie en est venue à inclure,
par exemple, des gens pris au piège d'une pauvreté
héréditaire, de même ici l'idée d'identité conçue
comme statut interchangeable – et donc possible
malformation – introduit une nouvelle forme de statut de seconde classe à l'intérieur de nos limites.
Comme dans le cas présent, la redéfinition socio-
économique a justifié des programmes sociaux forte-
ment controversés. Pour ceux qui n'ont pas suivi ce
changement de définition du statut égalitaire, les
divers programmes de redistribution et les occasions
spéciales offertes à certaines catégories de population
ont paru du favoritisme indu.

Des conflits semblables naissent aujourd'hui
autour de la politique de la différence. Alors que la
politique de la dignité universelle a lutté pour des
formes de non-discrimination qui étaient parfaite-

ment « aveugles » aux façons dont les citoyens diffèrent entre eux, la politique de la différence redéfinit souvent la non-discrimination comme requérant que nous fassions de ces distinctions le fondement même d'un traitement différentiel. Ainsi, les membres des tribus aborigènes obtiendront certains droits et certains pouvoirs dont ne bénéficient pas les autres Canadiens, si leurs demandes d'autonomie politique sont finalement acceptées; certaines minorités acquerront le droit d'en exclure d'autres pour préserver leur intégrité culturelle, etc.

Pour les partisans de la politique originelle de la dignité, cela peut paraître un recul, une trahison, voire une négation pure de leur principe chéri. Des tentatives de médiation sont donc faites pour montrer comment certaines de ces mesures censées favoriser les minorités peuvent être justifiées, après tout, sur le fondement initial de la dignité. Ces arguments peuvent être acceptés jusqu'à un certain point. Par exemple, certaines des exceptions (apparemment) les plus flagrantes à l'« aveuglement aux différences » sont au contraire des mesures de discrimination permettant à des catégories auparavant défavorisées de jouir d'avantages pour des emplois ou des places à l'université. Cette pratique a été justifiée au motif que la discrimination historique a créé un schéma dans le cadre duquel les défavorisés luttaient avec un handicap. La discrimination inverse est défendue comme une mesure temporaire susceptible d'égaliser les chances et de permettre aux anciennes règles « aveugles » de revenir en force – mais d'une manière qui ne désavantage personne. Cet argument semble assez convaincant – pourvu que son fondement objectif soit sain. Mais il ne saurait justifier certaines des mesures aujourd'hui imposées sous prétexte de différence, dont le but n'est pas de nous ramener à un espace social « aveugle aux différences », mais, au contraire, de maintenir et de renforcer une distinction non simplement temporaire mais permanente. Après tout, si nous sommes touchés par ces problèmes, quoi de plus légitime que l'aspiration de quelqu'un à une identité qui ne serait jamais perdue [1] ?

Ainsi, même si une politique engendre l'autre, par l'un de ces glissements dans la définition des termes clefs avec lesquels nous sommes familiarisés, les deux divergent considérablement l'une de l'autre. L'un des fondements de cette divergence ressort encore plus clairement lorsque nous allons au-delà de ce que chacune exige que nous reconnaissions – certains droits universels dans un cas, une identité particulière dans l'autre – et que nous examinons ces intuitions de valeur sous-jacentes.

1. Will Kymlicka, dans son livre très solidement argumenté *Liberalism, Community and Culture* (Oxford, Clarendon Press, 1989), essaie de plaider en faveur d'une sorte de politique de la différence, notamment en relation avec les droits des aborigènes du Canada, mais dans le cadre d'une théorie fondée sur la neutralité libérale. Son propos est de raisonner à partir de certains besoins culturels – au minimum, le besoin d'un langage culturel intégral et intact avec lequel on puisse se définir et rechercher sa propre conception de la vie idéale. Dans certaines circonstances, avec des populations défavorisées, l'intégrité de la culture peut requérir que nous leur accordions plus de ressources ou de droits qu'aux autres. L'argument est tout à fait parallèle à celui que j'ai mentionné plus haut et qui est en relation avec les inégalités socio-économiques.
Mais le point où les arguments intéressants de Kymlicka échouent à recouper les demandes actuelles faites par les groupes concernés – les tribus indiennes ou les Canadiens français – est le rapport avec leur objectif de survivance. Le raisonnement de l'auteur est (peut-être) valable pour les populations *existantes* qui se trouvent piégées dans une culture sous pression et qui peuvent y prospérer ou pas du tout. Mais cela ne justifie pas les mesures envisagées pour assurer la survivance à travers des générations futures non définies. Pour les populations concernées, toutefois, c'est bien là l'enjeu. Il suffit de penser à la résonance historique du mot « survivance » chez les Canadiens français, par exemple.

La politique de la dignité égalitaire est fondée sur l'idée que tous les êtres humains sont également dignes de respect. Elle est étayée par la notion de ce qui, chez eux, commande le respect, de quelque façon que nous puissions essayer de nous défaire de cet arrière-plan « métaphysique ». Pour Kant, dont l'usage du terme « dignité » a été l'une des énonciations les plus anciennes et les plus fortes de cette idée, ce qui exigeait le respect en nous était notre statut d'agents rationnels, capables de diriger nos vies selon des principes [1]. Quelque chose de ce genre a constitué le fondement de nos conceptions sur une dignité égale, bien que sa définition précise puisse avoir changé.

Ainsi, ce qui est relevé comme digne de valeur, ici, est un *potentiel humain universel*, une capacité que tous les humains partagent. Ce potentiel – ou, plutôt, ce que tout un chacun peut en avoir fait – est ce qui assure que chaque personne mérite le respect. De fait, notre sens de l'importance de cette potentialité va si loin que nous étendons même cette protection à ceux qui, par suite de quelque circonstance, sont hors d'état d'en profiter de manière normale – gens handicapés ou tombés dans le coma, par exemple.

Dans le cas de la politique de la différence, on pourrait dire qu'un potentiel universel lui sert aussi de fondement, c'est-à-dire celui de former et de définir sa propre identité en tant qu'individu et en tant que culture. Cette potentialité doit être respectée également en chacun. Toutefois, au moins dans le contexte interculturel, une exigence plus forte s'est récemment fait jour : celle-ci accorde un respect égal à des cultures effectivement développées. Les critiques de la domination européenne ou blanche –

1. Voir Kant, *Grundlegung der Metaphysik der Sitten*, Berlin, Gruyter, 1968 (d'après l'édition de l'Académie de Berlin), p. 434.

non seulement elle a supprimé, mais elle n'a pas su non plus apprécier d'autres cultures – considèrent ces jugements défavorables comme des erreurs et comme des sortes de fautes morales. Lorsque Saul Bellow déclare quelque chose comme : « Lorsque les Zoulous produiront un Tolstoï, nous le lirons [1] ! », cette déclaration est considérée comme la quintessence de l'arrogance européenne, non pas simplement parce que Bellow est présenté comme insensible *de facto* à la valeur de la culture zouloue, mais aussi parce que cela semble refléter un refus du principe de l'égalité des hommes. La possibilité que les Zoulous, tout en ayant le même potentiel de formation culturelle que n'importe quel autre peuple, puissent parvenir à un stade de culture moins valable que les autres est exclu d'emblée. Entretenir même cette possibilité équivaut à refuser l'égalité des hommes. L'erreur de Bellow serait donc, ici, non pas une erreur de jugement – peut-être due à l'insensibilité – mais la négation d'un principe fondamental.

Dans la mesure où ce second reproche est en jeu, l'exigence d'une reconnaissance égale va au-delà d'une reconnaissance de la valeur égale de toutes les potentialités humaines, et en arrive à inclure l'égalité de valeur de ce qu'elles ont effectivement fait de ce potentiel. Cela crée un sérieux problème, comme nous le verrons plus loin.

Ces deux politiques, toutes deux fondées sur la notion de respect égal, entrent ainsi en conflit. Pour l'une, le principe de respect égal implique que nous traitions tout le monde en étant aveugles aux différences. L'intuition fondamentale – les humains

1. Je ne sais pas si une telle déclaration a été faite sous cette forme par Saul Bellow, ou même par quelqu'un d'autre. Je ne la reprends ici que parce qu'elle traduit une attitude répandue – ce qui est, naturellement, la raison pour laquelle l'histoire a pris sa place.

commandent ce respect — s'attache à ce qui est identique en tous. Pour l'autre, on doit reconnaître et
même favoriser la particularité. Le reproche que la
première politique fait à la seconde est de violer
le principe de non-discrimination. La seconde
reproche à la première de nier toute identité en
imposant aux gens un moule homogène qui ne leur
est pas adapté. Ce serait déjà suffisamment grave si le
moule était lui-même neutre – le moule de personne
en particulier. Mais le grief va généralement plus
loin. Le reproche est que l'ensemble prétendument
neutre de principes de dignité politique aveugles aux
différences est, en fait, le reflet d'une culture hégémonique. Tel qu'on le voit fonctionner, seules les
minorités ou les cultures supprimées sont contraintes
de prendre une forme étrangère. Par conséquent, la
société prétendument généreuse et aveugle aux différences est non seulement inhumaine (parce qu'elle
supprime les identités), mais aussi hautement discriminatoire par elle-même, d'une façon subtile et
inconsciente [1].

Cette dernière attaque est la plus cruelle et la plus
dérangeante de toutes. Le libéralisme de la dignité
égale semble devoir assumer qu'il existe certains
principes universels et aveugles aux différences.
Même s'il reste possible que nous ne les ayons pas

1. On entend aujourd'hui les deux types de reproches. Dans
le contexte de certains modes de féminisme et de multiculturalisme, le reproche le plus fort est que la culture hégémonique discrimine. Dans l'ancienne Union soviétique, toutefois,
à côté d'un reproche similaire adressé à l'hégémonie de la
culture « grand-russe », on entend aussi dire que le commu-
nisme marxiste-léniniste a été une imposition étrangère également sur tous, même sur la Russie. Le moule communiste, dans
cette perspective, n'a été vraiment celui de personne. Soljenitsyne a exprimé ce reproche, mais il l'est aussi par des Russes
d'idées très diverses; il a quelque chose à voir avec le phénomène extraordinaire d'un empire qui s'est effondré par suite de
la quasi-sécession de la société métropolitaine.

encore définis, le projet de les définir reste vivant et essentiel. Différentes théories peuvent être avancées et contestées – et beaucoup ont été proposées de nos jours [1] – mais la présomption partagée par ces différentes théories est qu'elles sont justes.

L'accusation portée par les formes les plus radicales de la politique de la différence est que les libéralismes « aveugles » sont eux-mêmes les reflets de cultures particulières. Et l'idée dérangeante est que cette déviation pourrait ne pas être simplement une faiblesse contingente de toutes les théories proposées jusque-là : l'idée même d'un tel libéralisme pourrait être une sorte de contradiction pragmatique, un particularisme se déguisant en principe universel.

Je voudrais essayer à présent d'avancer doucement et précautionneusement dans cet ensemble de problèmes, en examinant certaines étapes importantes dans l'apparition de ces deux sortes de politiques dans les sociétés occidentales. J'aborderai d'abord la politique d'égale dignité.

III

La politique d'égale dignité est apparue dans la civilisation occidentale de deux manières que l'on pourrait associer à deux noms emblématiques, Rousseau et Kant. Cela ne signifie pas que toutes leurs incarnations aient été influencées par ces maîtres à

1. Voir John Rawls, *A Theory of Justice*, Cambridge (Mass.), Harvard University Press, 1971 trad. franç. *Théorie de le Justice*, le Seuil, 1987 ; Ronald Dworkin, *Taking Right Seriously*, Londres, Duckworth, 1977, et *A Matter of Principle*, Cambridge, Harvard University Press, 1985 ; et Jürgen Habermas, *Theorie des kommunikativen Handelns*, Francfort, Suhrkamp, 1981.

penser (bien que l'on puisse le soutenir pour les disciples de Rousseau), mais simplement que Rousseau et Kant sont d'éminents et précoces champions de ces deux modèles. Les examiner devrait nous permettre de voir jusqu'où ils sont coupables d'imposer une homogénéité artificielle.

J'ai affirmé plus haut – à la fin de la première section – que, selon moi, Rousseau pouvait être considéré comme l'un des initiateurs du discours sur la reconnaissance. Je dis cela non parce qu'il utilise le terme, mais parce qu'il met l'accent le premier sur l'importance de l'égalité de respect et qu'en vérité, il la juge indispensable pour la liberté. Il est bien connu que Rousseau tend à opposer une condition de liberté dans l'égalité à une liberté caractérisée par la hiérarchie et la dépendance d'autrui. Dans cet état, on est dépendant des autres non pas simplement parce qu'ils détiennent le pouvoir politique, ou parce qu'on a besoin d'eux pour survivre ou pour réussir un projet particulièrement cher, mais surtout parce que l'on désire leur estime. La personne dépendante d'autrui est esclave de l'« opinion ».

Cette idée est l'une des clefs de la liaison que Rousseau établit entre la dépendance d'autrui et la hiérarchie. Logiquement, ces deux choses pourraient sembler séparables. Pourquoi ne peut-il y avoir de dépendance d'autrui dans des conditions d'égalité ? Il semble que, pour Rousseau, cela ne saurait être parce qu'il associe la dépendance d'autrui au besoin de l'estime d'autrui, laquelle est à son tour comprise dans le cadre de la conception traditionnelle de l'honneur – c'est-à-dire intrinsèquement liée aux « préférences ». L'estime que nous recherchons dans cette condition est intrinsèquement différentielle. C'est une position acquise (un bien positionnel).

C'est en raison du rôle crucial que l'honneur y tient que la condition dépravée de l'humanité offre une combinaison paradoxale de propriétés telle que nous sommes inégaux en pouvoir et pourtant *tous* dépendants d'autrui – pas seulement l'esclave du maître, mais aussi le maître de l'esclave. Ce point est fréquemment souligné. La seconde phrase du *Contrat social*, après la célèbre assertion initiale sur la liberté originelle de l'homme, enchaîne : « Tel se croit le maître des autres qui ne laisse pas d'être plus esclave qu'eux [1] ». Dans l'*Emile*, Rousseau nous dit que, dans cette condition de dépendance, « maître et esclave se dépravent mutuellement [2]. » Si c'était simplement une question de pouvoir brut, on pourrait penser que le maître est libre au détriment de l'esclave ; mais dans un système d'honneur hiérarchique, la déférence des classes inférieures est essentielle.

Rousseau parle parfois comme les stoïciens qui l'ont indubitablement influencé ; il identifie l'« amour-propre » comme l'une des grandes sources du mal. Mais il ne s'arrête pas là où les stoïciens le font. Il existe un vieux discours, à la fois stoïcien et chrétien, sur l'amour-propre, qui recommande d'oublier complètement notre intérêt personnel en faveur de la bonne opinion d'autrui. On nous demande de sortir de cette dimension de la vie humaine dans laquelle les réputations se cherchent, se gagnent et se défont. Votre apparence en public ne doit être d'aucun prix pour vous ; Rousseau a quelquefois l'air d'avaliser cette conception. En particulier, c'est une partie de la mise en scène de soi-même que de pouvoir maintenir son intégrité face à l'hostilité imméritée et aux calomnies du monde. Toutefois, lorsque l'on regarde son tableau d'une société potentiellement idéale, on peut voir que l'estime continue d'y jouer un rôle et que les gens y

1. *Du contrat social*, 1762, livre I, G-F. Flammarion, p. 41.
2. *Emile*, 1762, livre II.

vivent largement sous le regard de la communauté. Dans la pratique d'une république, les citoyens font très attention à l'opinion d'autrui. Dans un passage de ses *Considérations sur le gouvernement de Pologne*, Rousseau décrit comment les législateurs de l'Antiquité prenaient soin d'attacher les citoyens à leur patrie. L'un des moyens utilisés à cette fin était l'organisation de jeux publics, dotés de prix avec lesquels « aux acclamations de toute la Grèce, on couronnait les vainqueurs dans leurs jeux qui, les embrasant continuellement d'émulation et de gloire, portèrent leur courage et leurs vertus à ce degré d'énergie dont rien aujourd'hui ne nous donne l'idée, et qu'il n'appartient pas même aux modernes de croire [1] ». La gloire et la reconnaissance publique avaient une importance énorme. En outre, l'effet de cette importance était hautement bénéfique. Pourquoi en est-il ainsi, si l'honneur moderne est une force à ce point négative ?

La réponse semble être l'égalité ou, plus exactement, la réciprocité équilibrée qui étaie l'égalité. On pourrait dire – quoique Rousseau ne l'ait pas fait – que, dans ces contextes républicains idéaux, chacun dépendait de tous, mais réciproquement et dans une égalité parfaite. Rousseau avance que l'élément clef de ces jeux, fêtes et autres cérémonies publiques, qui faisait d'eux des sources de patriotisme et de vertu, était le manque total de différenciation ou de distinction entre les diverses classes de citoyens : tous prenaient place indifféremment en plein air pour assister et pour participer. Les gens étaient à la fois spectateurs et acteurs. Le contraste est ici fait avec les offices religieux actuels dans les églises, et par-dessus tout, avec le théâtre moderne, qui se joue dans des salles fermées où l'on doit payer pour entrer, et

1. *Considérations sur le gouvernement de Pologne*, 1772, coll. G-F. Flammarion, 1990, p. 169.

qui met en scène une catégorie spéciale de professionnels faisant des représentations pour les autres.

Le thème est central dans la _Lettre à d'Alembert sur les spectacles_, où Rousseau oppose de nouveau le théâtre moderne et les fêtes publiques d'une vraie république. Ces dernières ont lieu en plein air. L'auteur indique ici clairement que l'identité du spectateur et de l'acteur est la clef de voûte de ces assemblées vertueuses : « Mais quels seront les objets de ces spectacles ? Qu'y montrera-t-on ? Rien, si l'on veut. Avec la liberté, partout où règne l'affluence, le bien-être y règne aussi. Plantez au milieu d'une place un piquet couronné de fleurs, rassemblez-y le peuple, et vous aurez une fête. Faites mieux encore : donnez les spectateurs en spectacle; rendez-les acteurs eux-mêmes; faites que chacun se voie et s'aime dans les autres, afin que tous en soient mieux unis [1]. »

L'argument sous-jacent – non exprimé – de Rousseau, paraît être celui-ci : une réciprocité parfaitement équilibrée affaiblit notre dépendance de l'opinion et la rend compatible avec la liberté. Une complète réciprocité, jointe à l'unicité du dessein qui la rend possible, garantit qu'en suivant l'opinion, je ne suis en aucune façon chassé hors de moi-même. Je continue de « m'obéir à moi-même » en tant que membre de ce projet commun ou de cette « volonté générale ». Prendre soin de l'estime dans ce contexte est compatible avec la liberté et l'unité sociale, parce que la société est une entité dans laquelle tous les vertueux seront estimés également et pour les mêmes (justes) raisons. Au contraire, dans un système d'honneur hiérarchique, nous sommes en compétition; la gloire d'une personne peut signifier la honte d'une autre, ou au moins son obscurité.

1. _Lettre à d'Alembert sur les spectacles_, 1758, coll. G-F. Flammarion, p. 233-234.

Notre unité de propos est gênée et, dans ce contexte, essayer de gagner la faveur d'un autre – qui, par hypothèse, a des objectifs différents des miens – peut être aliénant. Paradoxalement, la mauvaise dépendance d'autrui va de pair avec la séparation et l'isolement[1] ; la bonne – que Rousseau n'appelle pas du tout « dépendance d'autrui » – implique l'unité d'un projet commun, voire un « moi commun[2] ».

Ainsi, Rousseau est à l'origine d'un nouveau discours sur l'honneur et la dignité. Aux deux façons traditionnelles de penser l'honneur et l'amour-propre, il en ajoute une troisième – très différente. Comme je l'ai dit plus haut, il y avait d'un côté un discours dénonçant l'amour-propre, qui nous conviait à nous retirer de cette dimension de la vie humaine et à négliger complètement l'estime. Il y avait, de l'autre, une éthique de l'honneur, franchement non universaliste et inégalitaire, qui voyait dans l'intérêt pour l'honneur la première caractéristique de l'homme honorable. Un homme peu intéressé par sa réputation, peu motivé pour la défendre, était nécessairement un lâche, donc quelqu'un de méprisable.

Rousseau emprunte le langage dénonciateur du premier discours, mais il ne termine pas en appelant à la renonciation de tout intérêt pour l'estime. Au contraire, dans son portrait du modèle républicain, le souci de l'estime est central. Ce qui ne va pas, avec l'amour-propre ou l'honneur, est leur recherche

1. Un peu plus loin que le passage cité plus haut des *Considérations sur le gouvernement de Pologne*, Rousseau décrit les rassemblements dans notre société moderne et dépravée comme « des cohues licencieuses » où l'on va « pour s'y faire des liaisons secrètes, pour y chercher les plaisirs qui séparent, isolent le plus les hommes, et qui relâchent le plus les cœurs ».

2. J'ai bénéficié, dans ce domaine, de discussions avec Natalie Oman. Voir son « Forms of Common Space in the Work of Jean-Jacques Rousseau » (mémoire de maîtrise, McGill University, juillet 1991).

acharnée des privilèges; d'où la division et la dépendance réelle d'autrui, donc l'oubli de la voix de la nature, et partant la corruption, l'oubli des limites et l'amollissement. Le remède ne consiste pas à rejeter l'importance de l'estime, mais à entrer dans un système totalement différent caractérisé par l'égalité, la réciprocité et l'unité de dessein. Cette unité rend possible l'égalité de l'estime, mais le fait que l'estime soit par principe égale dans ce système est essentiel à l'unité elle-même. Sous l'égide de la volonté générale, tous les citoyens vertueux doivent être également honorés. L'âge de la dignité est né.

Cette critique novatrice de l'amour-propre, conduisant non pas à la mortification solitaire mais à une politique de dignité égale, est bien ce que Hegel a repris et rendu célèbre dans sa dialectique du maître et de l'esclave. Contre le vieil argument de la méchanceté de l'amour-propre, il pose en principe que l'on ne peut prospérer que si l'on est reconnu. Chaque conscience recherche la reconnaissance dans une autre conscience et ce n'est pas la marque d'un manque de vertu. Mais la conception ordinaire de l'honneur comme hiérarchique est cruellement défectueuse. Elle l'est parce qu'elle est incapable de répondre au besoin qui envoie d'abord les gens en quête de reconnaissance. Ceux qui échouent à gagner l'enjeu de l'honneur restent inconnus. Toutefois, même ceux qui gagnent sont frustrés – plus subtilement – parce qu'ils gagnent la reconnaissance... de perdants, ce qui, par hypothèse, n'est pas réellement valorisant, puisque ce ne sont plus des sujets libres et autonomes, sur le même plan que les vainqueurs. La lutte pour la reconnaissance ne peut avoir qu'une solution satisfaisante : un régime de reconnaissance réciproque entre égaux. Hegel suit Rousseau en trouvant ce régime dans une société dotée d'un dessein commun, une société dans laquelle il existe un « " nous " qui est un " je " et un " je " qui est un " nous " ».

Pourtant, si nous pensons à Rousseau comme inaugurant la politique nouvelle d'égale dignité, on peut avancer que cette solution est fondamentalement défectueuse. Selon les termes de la question posée au début de cette section, l'égalité d'estime requiert une unité de dessein très serrée qui semble être incompatible avec toute différenciation. Pour Rousseau, la clef d'une politique libre paraît être une exclusion rigoureuse de toute différenciation des rôles. Le principe de Rousseau semble être que, pour toute relation R à deux inconnues impliquant le pouvoir, la condition d'une société libre est que les deux termes unis par la relation soient identiques : $x \, R \, y$ n'est compatible avec une société libre que si $x = y$. Cela est véridique lorsque la relation implique les x se présentant aux y dans un espace public, et cela est naturellement vrai lorsque la relation R est du type « exerce la souveraineté sur ». Dans l'état de contrat social, le peuple doit être à la fois souverain et sujet.

Chez Rousseau, trois choses semblent inséparables : la liberté (ou non-domination), l'absence de rôles différenciés et un objectif commun très déterminé. Nous devons tous dépendre de la volonté générale, de peur que ne surgissent des formes bilatérales de dépendance [1]. Cela a été la formule des formes les plus terribles de tyrannie homogénéisante, depuis la Terreur jacobine jusqu'aux régimes totalitaires de notre siècle. Mais même là où le troisième élément de la triade est laissé de côté, l'alignement de l'égalité de liberté sur l'absence de différenciation

---

1. En justifiant sa formule fameuse (ou infâme) sur la personne contrainte d'obéir aux lois parce qu'elle est « forcée à être libre », Rousseau poursuit : « Car telle est la condition qui donnant chaque citoyen à la Patrie le garantit de toute dépendance personnelle... » (*Du contrat social*, livre I, chap. VII, coll. G-F. Flammarion, 1966, p. 54).

est resté un mode de pensée séduisant. Partout où il règne, que ce soit sous les espèces de la pensée féministe ou du libéralisme politique, la marge est mince qui permet de reconnaître la différence.

IV

Libre à nous d'accepter l'analyse ci-dessus et de souhaiter prendre quelque distance par rapport au modèle rousseauiste de la dignité du citoyen. Toutefois, nous pourrions également aimer savoir si toute politique de dignité égale, fondée sur la reconnaissance de capacités universelles, est vouée à être également homogénéisante. Est-ce vrai de ces modèles – que j'ai rangés plus haut, peut-être assez arbitrairement, sous la bannière de Kant – qui séparent la liberté égale des deux autres éléments de la trinité rousseauiste ? Non seulement ces modèles n'ont rien à voir avec une volonté générale, mais ils font abstraction de tout problème de différenciation des rôles. Ils considèrent simplement une égalité des droits accordée aux citoyens. Pourtant, cette forme de libéralisme a été attaquée par les tenants radicaux de la politique de la différence, comme étant, d'une certaine manière, incapable de donner à la distinction la reconnaissance qui lui est due. Ces critiques sont-elles correctes ?

Le fait est qu'il existe des formes de ce libéralisme des droits égaux qui ne peuvent donner, dans l'esprit de leurs propres partisans, qu'une reconnaissance très limitée des identités culturelles distinctes. L'idée selon laquelle n'importe quel code juridique pourrait s'appliquer différemment selon des contextes culturels différents, que son application pourrait avoir à tenir compte des différents desseins collectifs, est considérée comme tout à fait inacceptable. Le problème est donc de savoir si cette vue restrictive de l'égalité des droits est la seule interprétation possible. S'il en est ainsi, il semblerait alors que l'accusation d'homogénéisation est bien fondée. Mais peut-être ne l'est-elle pas ? Je pense qu'elle ne l'est pas et peut-être la meilleure façon d'étudier la question est-elle de l'examiner dans le contexte canadien, où cette question a joué un rôle dans la menace de scission du pays. En effet, deux conceptions du libéralisme des droits se sont affrontées, quoique de façon confuse, dans les longs et stériles débats constitutionnels de ces dernières années.

Le problème a surgi à cause de l'adoption, en 1982, de la Charte canadienne des droits, qui a aligné notre système politique sur celui de l'Amérique, avec un code de droits offrant des bases de révision juridique de la législation à tous les niveaux du gouvernement. La question était de savoir comment rattacher ce code aux revendications spécifiques mises en avant par les Canadiens français – particulièrement les Québécois – et par les populations aborigènes. L'enjeu était ici le désir de survivance de ces populations, entraînant la demande de certaines formes d'autonomie dans leur *self-government,* aussi bien que la possibilité d'adopter certaines formes de législations jugées nécessaires pour assurer cette survivance.

Par exemple, le Québec a adopté plusieurs lois dans le domaine linguistique. L'une d'elles détermine qui peut envoyer ses enfants dans les écoles anglophones (ni les francophones ni les immigrants); une autre exige qu'une entreprise de plus de cinquante employés soit administrée en français; une troisième proscrit toute signature commerciale dans une langue autre que le français. En d'autres termes, des restrictions ont été imposées aux Québécois par

leur gouvernement, au nom de leur dessein collectif de survivance, lequel, dans d'autres communautés canadiennes, pourrait aisément être écarté en
vertu de la Charte [1]. Le problème fondamental est
le suivant : cette variante est-elle ou non accep-
table ?

La question a finalement été réglée par un
amendement constitutionnel, baptisé d'après le lieu
de la conférence où il a été mis au point pour la
première fois, sur les bords du lac Meech.
L'« amendement Meech » a proposé de reconnaître
le Québec comme une « société distincte » et de
faire de cette reconnaissance l'une des bases de
l'interprétation juridique du reste de la constitution,
y compris de la Charte. Cela semblait ouvrir la
possibilité de variantes d'interprétation dans
diverses parties du pays. Pour beaucoup, ce genre
de variantes était fondamentalement inacceptable.
L'examen des motifs nous amène au cœur de la
question : comment le libéralisme des droits est-il
lié à la diversité ?

La Charte canadienne suit la tendance de la dernière moitié du xxᵉ siècle et autorise une révision
juridique à partir de deux éléments fondamentaux.
Premièrement, elle définit un ensemble de droits
individuels qui sont semblables à ceux qui sont
protégés par d'autres chartes et constitutions dans

1. La Cour suprême du Canada a annulé une de ces stipulations, celle qui interdit la signature commerciale en une langue
autre que le français. Toutefois, dans son jugement, la justice a
accordé qu'il serait très raisonnable d'exiger que toutes les
signatures soient en français, quitte à être accompagnées par
une autre langue. En d'autres termes, il était licite – selon eux –
que le Québec mette hors la loi les signatures en anglais. La
nécessité de protéger et de promouvoir le français, dans le
contexte du Québec, aurait dû justifier cela. Cela voulait peut-
être dire que les restrictions législatives sur le langage dans une
autre province auraient pu aussi bien être annulées pour une
raison tout à fait différente.

les démocraties occidentales, par exemple en Europe et aux Etats-Unis. Deuxièmement, elle garantit l'égalité de traitement des citoyens sous un grand nombre de points de vue ou – en d'autres termes – elle protège d'un traitement discriminatoire pour un grand nombre de motifs irrecevables, comme la race ou le sexe. Il y a beaucoup plus de choses encore dans notre Charte, y compris des stipulations en faveur des droits linguistiques et des droits des aborigènes, qui pourraient être interprétées comme accordant des pouvoirs à certaines collectivités – mais les deux sujets que j'ai isolés dominent dans la conscience publique.

Ce n'est pas un hasard. Ces deux types de stipulations sont aujourd'hui tout à fait communs dans les codes de droits qui servent de base aux révisions juridiques. En ce sens, le monde occidental – et peut-être le monde dans son ensemble – suit le précédent américain. Les Américains ont été les premiers à rédiger et à verrouiller un code de droits durant la ratification de leur constitution et comme condition de son bon fonctionnement. On pourrait avancer qu'ils n'étaient pas entièrement clairs sur la révision juridique comme méthode pour assurer ces droits, mais ceci est rapidement devenu une pratique. Les premiers « amendements » protégèrent les individus – et parfois les gouvernements des Etats [1] – contre les empiétements du nouveau gouvernement fédéral. Ce

---

1. Par exemple, le 1er amendement – qui interdisait au Congrès de proclamer une religion officielle, quelle qu'elle fût – n'était pas conçu à l'origine pour séparer l'Eglise et l'Etat en tant que tels. Il a été rédigé à une époque où plusieurs Etats de l'Union avaient établi officiellement des Eglises, et il était destiné à empêcher le nouveau gouvernement fédéral d'interférer dans ces arrangements locaux ou de passer outre. Ce ne fut que plus tard – après le 14e amendement, suivant la doctrine de l'« incorporation » – que ces restrictions imposées au gouvernement fédéral furent étendues à tous les gouvernements et à tous les niveaux.

fut après la guerre civile, dans la période de la reconstruction – et singulièrement avec le 14ᵉ amendement qui appelait à une « protection égale » de la loi pour tous les citoyens – que le thème de la non-discrimination est devenu central dans la révision juridique. Pourtant, ce thème est aujourd'hui sur un pied d'égalité avec l'ancienne règle de la défense des droits individuels, et peut-être même avant lui dans la conscience publique.

Pour beaucoup de « Canadiens anglais », l'adoption par la société politique de certains projets collectifs risque de se retourner contre ces deux stipulations fondamentales de notre Charte, ou même contre tout code de droits recevable. En premier lieu, les desseins collectifs peuvent impliquer des restrictions à la liberté des individus, en allant ainsi contre leurs droits. Pour beaucoup de Canadiens non francophones, à l'intérieur comme à l'extérieur du Québec, cette issue redoutée s'est déjà produite avec la législation québécoise sur les langues. Par exemple, cette législation prescrit – comme nous l'avons vu plus haut – le type d'école dans lequel les parents doivent envoyer leurs enfants; elle interdit également certaines sortes de signatures commerciales. Cette dernière stipulation a été abolie par la Cour suprême, comme contraire au code des droits québécois ainsi qu'à la Charte; elle n'a été remise en vigueur que par l'invocation d'une autre clause de la Charte qui permet aux assemblées, dans certains cas, de passer outre aux décisions des cours de justice relatives à la Charte pour une période de temps limitée (c'est la fameuse clause du « nonobstant »).

Toutefois, en second lieu, même s'il n'était pas possible d'outrepasser les droits individuels, l'avalisation de desseins collectifs au nom d'un groupe national pourrait être estimée comme intrinsèquement discriminatoire. Dans le monde moderne, il arrivera toujours que les citoyens qui vivent sous une certaine juridiction n'appartiennent pas tous au groupe national ainsi favorisé. En lui-même, ce fait pourrait être pensé comme incitant à la discrimination. Pourtant, au-delà de ce fait, la recherche d'un dessein collectif implique probablement de traiter différemment les citoyens intérieurs et les extérieurs. Ainsi, les stipulations scolaires de la loi 101 interdisent aux francophones et aux immigrants d'envoyer leurs enfants dans des écoles anglophones, mais le permettent aux Canadiens anglophones.

Ce sentiment de contradiction entre la Charte et la politique fondamentale du Québec a été l'une des raisons de l'opposition du reste du Canada à l'amendement Meech. La raison de l'inquiétude était la clause de société distincte; et la revendication commune d'un amendement était qu'il fallait « protéger » la Charte contre cette clause ou imposer sa préséance sur elle. Il y avait indubitablement dans cette opposition une part certaine de préjugé anti-québécois à l'ancienne mode, mais il y avait aussi un problème philosophique sérieux que nous devons traiter ici.

Ceux qui conçoivent que les droits individuels doivent toujours venir en premier et – de concert avec les stipulations non discriminatoires – avoir la préséance sur les desseins collectifs, parlent souvent d'une perspective libérale qui est devenue de plus en plus répandue dans le monde anglo-américain. Sa source est naturellement aux Etats-Unis et elle a été récemment élaborée et défendue par quelques-uns des meilleurs philosophes et juristes de ce pays, comme John Rawls, Ronald Dworkin, Bruce Ackerman, et quelques autres [1]. On trouve diverses

1. Rawls, *A Theory of Justice* et « Justice as Fairness : Political not Metaphysical », in *Philosophy and Public Affairs*, 14 (1985), p. 223-251; Dworkin, *Taking Rights Seriously* et

formulations de l'idée principale de cette théorie, mais celle qui renferme peut-être le plus clairement le point qui nous importe est celle de Dworkin dans son bref article intitulé « Liberalism [1] ».

L'auteur établit une distinction entre deux types d'obligation morale. Nous avons tous des vues sur la finalité de l'existence, sur ce qui constitue la vie idéale que nous – et les autres – essayons de nous faire. Mais nous nous reconnaissons aussi le devoir de traiter correctement et également avec autrui, sans considération de nos propres perspectives eschatologiques. On pourrait appeler cette dernière obligation « opératoire », alors que celles qui touchent aux fins de l'existence sont « positives ». Dworkin proclame qu'une société libérale est une société qui, en tant que telle, n'adopte aucune vue positive particulière sur la finalité de l'existence. La société est plutôt unie autour d'une puissante obligation opératoire en vue de traiter tous les gens avec un égal respect. La raison pour laquelle la politique en tant que telle ne peut adopter de vue positive – en permettant, par exemple, que l'un des objectifs de la législation soit de rendre les gens vertueux selon l'une ou l'autre signification de ce terme – est que cela impliquerait une violation de la règle opératoire. En effet, étant donné la diversité des sociétés modernes, il adviendrait infailliblement que certaines personnes et pas d'autres se verraient imposer la conception privilégiée de la vertu. Elles pourraient être majoritaires; de fait, il est très vraisemblable qu'elles le seraient, car sinon une société démocratique n'adopterait probablement pas leur conception. Néanmoins, cette vue ne serait pas (nécessairement) celle de tout le

« Liberalism », in *Public and Private Morality,* éd. Stuart Hampshire, Cambridge (Mass.), Cambridge University Press, 1978; Bruce Ackerman, *Social Justice in the Liberal State,* New Haven, Yale University Press, 1980.
1. Ronald Dworkin, *op. cit.*

monde et, en adoptant cette perspective positive, la société ne traiterait pas la minorité dissidente avec un égal respect. Cela reviendrait en effet à dire à celle-ci : « Votre conception n'a pas autant de valeur, au yeux de cette politique, que celle de vos compatriotes plus nombreux. »

Il existe des postulats politiques très profonds à la base de cette conception du libéralisme, enracinée dans la pensée d'Emmanuel Kant. Entre autres éléments, cette vue signifie que la dignité humaine consiste largement dans son autonomie – c'est-à-dire dans la capacité de chaque personne à déterminer sa propre conception de la vie idéale. La dignité n'est pas tant associée à une conception particulière telle que le renoncement à celle-ci lui ôterait de sa propre dignité, qu'au pouvoir de considérer et de choisir pour chacun une perspective ou une autre. On ne respecte pas ce pouvoir également chez tous les sujets, si l'on élève officiellement les résultats des choix de certaines gens au-dessus de ceux des autres. Une société libérale doit rester neutre au sujet de la vie idéale, et se limiter à garantir que, de quelque façon qu'ils voient les choses, les citoyens traitent correctement entre eux, et l'Etat également avec tous.

La popularité de cette conception de l'agent humain comme fondamentalement sujet d'un choix autodéterminant ou auto-exprimant permet d'expliquer pourquoi ce modèle de libéralisme est si fort. Mais il nous faut aussi considérer que cette théorie a été exprimée avec autant de force que d'intelligence par les penseurs libéraux des Etats-Unis, et précisément dans le contexte des doctrines constitutionnelles de révision juridique [1]. Rien d'étonnant,

---

1. Voir, par exemple, les arguments développés par Lawrence Tribe dans *Abortion : The Clash of Absolutes*, New York, Norton, 1990.

donc, à ce que l'idée se soit largement répandue,
bien au-delà de ceux qui pourraient souscrire à une
philosophie spécifiquement kantienne, qu'une
société libérale ne saurait s'accommoder des notions
du bien publiquement avalisées. C'est la conception
de la « république opératoire », telle que Michael
Sandel l'a énoncée, qui occupe une place si importante dans la politique américaine et qui a aidé à pla-
cer un accent croissant sur la révision juridique à
partir des textes constitutionnels, au détriment du
processus politique ordinaire qui consiste à édifier
des majorités en vue d'actions législatives [1].

Mais une société à desseins collectifs comme celle
du Québec viole ce modèle. Pour le gouvernement
québécois, dire que la survivance et l'épanouisse-
ment de la culture française au Québec constituent
un bien a valeur d'axiome. La société politique n'est
pas neutre entre ceux qui apprécient de rester fidèles
à la culture de nos ancêtres et ceux qui pourraient
vouloir la séparation au nom d'objectifs individuels
d'autodéveloppement. On pourrait avancer qu'il
serait possible, après tout, d'intégrer un objectif
comme la « survivance » dans une société libérale
opératoire. On pourrait considérer, par exemple, que
la langue française est une ressource collective que
des individus pourraient vouloir employer, et agir en
vue de sa préservation, au même titre que pour l'air
ou les espaces verts. Mais cela ne saurait intégrer
l'attaque frontale des politiques visant à la survivance
culturelle. Il ne s'agit pas simplement de maintenir
la langue française accessible à ceux qui voudraient
la choisir : cela pourrait paraître le but de certaines
mesures de bilinguisme fédéral prises durant les
vingt dernières années. Mais cela implique aussi de
faire en sorte qu'il existe, dans l'avenir, une commu-

1. Michael Sandel, « The Procedural Republic and the
Unencumbered Self », in *Political Theory*, 12 (1984), p. 81-96.

nauté de population qui souhaite profiter de l'opportunité d'utiliser la langue française. Les politiques tournées vers la survivance cherchent activement à *créer* des membres pour cette communauté, par exemple en leur assurant que les générations futures continueront à s'identifier comme francophones. En aucune manière ces politiques ne peuvent être vues simplement comme fournissant une facilité à des populations déjà existantes.

Les Québécois et ceux qui accordent une importance similaire à ce genre d'objectif tendent ainsi à opter pour un modèle de société libérale passablement différent. Selon leur conception, une société peut être organisée autour d'une définition de la vie idéale, sans que cela soit considéré comme une dépréciation de ceux qui ne partagent pas personnellement cette définition. Lorsque la nature du bien requiert qu'il soit recherché en commun, c'est la raison pour en faire une question de politique publique. Selon cette conception, une société libérale se singularise en tant que telle par la manière dont elle traite ses minorités, y compris celles qui ne partagent pas les définitions publiques du bien, et par-dessus tout par les droits qu'elle accorde à tous ses membres. Mais désormais, les droits en question sont conçus comme devant être les droits fondamentaux et vitaux qui ont été reconnus comme tels depuis le tout début de la tradition libérale : droits de vie, de liberté, de justice, de liberté d'expression, de liberté religieuse, etc. Sur ce modèle, on outrepasse dangereusement une limite essentielle en parlant de droits fondamentaux à propos de choses comme les signatures commerciales dans la langue de son choix. Il faut distinguer d'un côté les libertés fondamentales – celles qui sont infrangibles, donc verrouillées de manière inexpugnable – et de l'autre les privilèges et les immunités qui sont importants, mais qui peuvent

être abolis ou restreints pour des raisons de politique
publique – à la condition qu'il y ait une raison
urgente à le faire.

Dans cette perspective, une société dotée de puissants desseins collectifs peut être libérale, pourvu
qu'elle soit capable de respecter la diversité – spécialement lorsqu'elle traite ceux qui ne partagent pas
ces visées communes – et pourvu aussi qu'elle puisse
offrir des sauvegardes adéquates pour les droits fondamentaux. Il y aura sans nul doute des tensions et
des difficultés à rechercher ces objectifs ensemble,
mais une telle recherche n'est pas impossible, et les
problèmes ne sont pas, en principe, plus grands que
ceux rencontrés par toute société libérale qui doit
combiner, par exemple, la liberté et l'égalité, ou la
prospérité et la justice.

Ce sont là deux conceptions incompatibles de la
société libérale. L'une des sources principales de nos
désaccords actuels est que ces deux conceptions se
sont fortifiées l'une contre l'autre au cours de la dernière décennie. La résistance à la « société distincte », qui appelait à la prééminence de la Charte,
venait en partie d'une conception opératoire répandue dans le Canada anglais. De ce point de vue, attri-
buer à un gouvernement l'objectif de promouvoir la
société distincte du Québec était reconnaître un dessein collectif minoritaire, et cette tendance devait

être neutralisée par la subordination à la Charte exis-
tante. Du point de vue du Québec, cette tentative
d'imposer un modèle opératoire du libéralisme non
seulement priverait la clause de la société distincte
d'une partie de sa force comme règle d'interprétation, mais anticiperait un rejet du modèle de
libéralisme sur lequel cette société était fondée.
Chaque société avait mal perçu l'autre tout au long
du débat sur l'amendement Meech ; mais ici, les deux
se percevaient avec acuité – et elles n'aimaient pas ce

qu'elles découvraient. Le reste du Canada voyait que la clause de la société distincte légitimait les desseins collectifs ; le Québec voyait que la préséance donnée à la Charte imposait une forme de société libérale qui lui était étrangère et à laquelle il ne pourrait jamais s'accommoder sans perdre son identité[1].

Je me suis attardé longuement sur cette affaire parce qu'elle me semble bien illustrer les questions fondamentales. Il existe une politique de respect égal, enchâssée dans un libéralisme des droits, qui est inhospitalière à la différence, parce qu'elle repose sur une application uniforme des règles qui définissent ces droits, sans exception, et parce qu'elle est très méfiante envers les desseins collectifs. Naturellement, cela ne signifie pas que ce modèle cherche à abolir les différences culturelles : ce serait une accusation absurde. Mais je la qualifie d'« inhospitalière à la différence » parce qu'elle ne peut accepter ce à quoi les membres des sociétés distinctes aspirent réellement, et qui est leur survivance. Ceci est un objectif collectif, qui appellera inévitablement certaines variantes dans le genre de lois que nous jugeons transposables d'un contexte culturel à un autre, comme le cas du Québec le montre clairement.

Je pense que cette forme de libéralisme est coupable de ce dont l'accusent les tenants d'une politique de la différence. Par bonheur, toutefois, il existe d'autres modèles de société libérale qui adoptent une position différente sur les deux points précités. Ces modèles appellent naturellement à la défense invariable de *certains* droits : il ne saurait être question de différences culturelles pour déterminer l'application de l'*habeas corpus,* par exemple.

1. Voir Guy Laforest, « L'esprit de 1982 », in *Le Québec et la restructuration du Canada, 1980-1992,* éd. Louis Balthasar, Guy Laforest et Vincent Lemieux, Québec, Septentrion, 1991.

Mais ils distinguent ces droits fondamentaux de la vaste gamme d'exemptions et de présomptions de traitement uniforme qui se sont multipliées dans les cultures modernes de révision juridique. Ils sont d'accord pour peser l'importance de certaines formes de traitement uniforme contre l'importance de la survivance culturelle, et pour choisir parfois en faveur de celle-ci. En dernière analyse, ce ne sont donc pas des modèles opératoires de libéralisme, mais ils reposent largement sur des conceptions de la vie idéale – conceptions dans lesquelles l'intégrité des cultures a une place importante.

Bien que je ne puisse pas le défendre ici, j'aimerais avaliser cette sorte de modèle. Indiscutablement, toutefois, de plus en plus de sociétés actuelles se tournent vers le multiculturalisme, au sens où elles incluent plus d'une communauté culturelle désireuse de survivre. Les rigidités du libéralisme opératoire peuvent rapidement devenir impraticables dans le monde de demain.

V

Ainsi, la politique de respect égal, au moins dans cette variante plus hospitalière, peut être lavée du soupçon de différence homogénéisante. Mais il existe une autre façon de formuler l'accusation qui est plus difficile à réfuter. Sous cette forme, toutefois, elle n'aurait peut-être pas besoin de l'être ; c'est du moins ce que je voudrais essayer de montrer.

L'accusation à laquelle je songe ici est provoquée par la revendication parfois présentée au nom du libéralisme « aveugle aux différences », à savoir qu'il peut offrir un terrain neutre sur lequel les gens de toutes les cultures pourraient se rencontrer et coexister. A propos de cette conception, il est nécessaire de faire un certain nombre de distinctions – entre le public et le privé, par exemple, ou entre politique et religion – et seulement alors, on pourra reléguer les différences contentieuses dans une sphère qui n'empiète pas sur le politique.

Pourtant, une controverse comme celle qui a surgi à propos des *Versets sataniques* de Salman Rushdie montre à quel point cette conception est fausse. Pour l'islam orthodoxe et rigoureux, il n'est pas question de séparer politique et religion de la façon dont nous l'attendons d'une société libérale occidentale. Le libéralisme n'est pas un terrain possible de rencontre pour toutes les cultures, mais il est l'expression politique d'une variété de cultures – tout à fait incompatible avec d'autres. En outre, comme beaucoup de musulmans en ont parfaitement conscience, le libéralisme occidental n'est pas tant l'expression d'une conception séculière et post-religieuse devenue populaire parmi les *intellectuels* libéraux qu'un rejeton plus organique du christianisme – au moins lorsqu'il est vu du point de vue alternatif de l'islam. La séparation de l'Eglise et de l'Etat remonte aux premiers jours de la civilisation chrétienne. Les premières formes de cette séparation étaient très différentes des nôtres, mais les fondements en ont été jetés pour les évolutions futures. Le terme même de « séculier » a fait originellement partie du vocabulaire chrétien [1].

Tout cela pour dire que le libéralisme ne peut ni ne doit revendiquer une neutralité culturelle complète. Le libéralisme est aussi un credo de

1. Le problème est bien exposé dans Larry Siedentop, « Liberalism : the Christian Connection », in *Times Literary Supplement*, 24-30 mars 1989, p. 308. J'ai également abordé ces questions dans « The Rushdie Controversy », in *Public Culture*, 2, n° 1 (printemps 1989), p. 118-122.

combat. La variante hospitalière que je préfère – tout comme les formes les plus rigides – doit savoir où s'arrête. Il y aura des variantes pour l'application des codes de droits, mais pas là où l'on incite à l'assassinat. Mais on ne saurait y voir une contradiction. Les distinctions positives de ce genre sont inéluctables en politique et au moins le libéralisme opératoire que j'ai décrit est tout à fait prêt à accepter cela.

Mais la controverse n'en est pas moins gênante. Il en est ainsi pour la raison que j'ai mentionnée ci-dessus : toutes les sociétés deviennent de plus en plus multiculturelles et, dans le même temps, plus perméables. En fait, ces deux évolutions marchent de concert. Leur perméabilité signifie qu'elles sont plus ouvertes à des migrations multinationales ; davantage de leurs ressortissants vivent la vie de la *diaspora*, dont le centre est « ailleurs ». Dans ces circonstances, il y a quelque chose de maladroit à répondre simplement : « Ici, c'est comme ça ! » Il faut pourtant faire cette réponse dans des cas comme l'affaire Rushdie, où le « c'est comme ça » recouvre des questions comme le droit de vivre et de parler librement. La maladresse naît du fait qu'il y a un bon nombre de gens qui sont citoyens tout en appartenant à la culture qui remet en question notre territoire philosophique. La difficulté est de concilier leur sens de la marginalisation sans compromettre nos principes politiques de base.

Cela nous amène au problème du multiculturalisme tel qu'il est souvent débattu aujourd'hui, qui a beaucoup à voir avec l'imposition de certaines cultures sur d'autres, et avec la supériorité présumée qui détermine cette imposition. Les sociétés libérales occidentales sont jugées suprêmement coupables à cet égard, partiellement en raison de leur passé colonial et partiellement aussi parce qu'elles marginalisent des fragments de leurs populations originaires d'autres cultures. Dans ce contexte, la réponse « Ici, c'est comme ça » peut paraître rude et dénuée de délicatesse. Même si, par la nature des choses, le compromis est presque impossible en pareil cas (ou l'on autorise ou l'on interdit le meurtre), l'attitude que présuppose la réponse apparaît comme du mépris. Cette présomption se vérifie du reste souvent. Nous sommes donc ramenés au problème de la reconnaissance.

La reconnaissance d'une valeur égale n'était pas en jeu – au moins au sens fort – dans la section précédente. Il était question de savoir si la survivance culturelle serait reconnue comme un objectif légitime, si les desseins collectifs seraient admis comme des considérations légitimes pour les révisions juridiques ou pour d'autres objectifs vitaux de politique sociale. L'exigence était de laisser les cultures se défendre elles-mêmes, dans des limites raisonnables. Toutefois, l'exigence que nous examinons maintenant est de *reconnaître,* tous tant que nous sommes, la valeur égale des différentes cultures, c'est-à-dire non seulement de les laisser survivre, mais encore de reconnaître leur mérite.

Quel sens peut-on donner à cette exigence ? D'une certaine manière, elle a fonctionné un certain temps sans être formulée. Pendant plus d'un siècle, la politique du nationalisme a été déterminée en partie par le sentiment que les peuples avaient d'être méprisés ou respectés par leurs voisins. Les sociétés « multinationales » peuvent toujours éclater, essentiellement parce qu'un groupe perçoit un manque de reconnaissance à son égard de la part d'un autre. C'est aujourd'hui, à mon avis, le cas du Canada – même si mon diagnostic vient à être contesté par certains. Sur la scène internationale, certaines sociétés supposées fermées ont une sensibilité exacerbée à l'opinion mondiale : on le voit bien à leurs réactions aux révélations d'Amnesty International, par exemple, ou à leurs tentatives pour édifier un nouvel ordre mondial d'information dans le cadre de l'Unesco. Cette sensibilité atteste l'importance de la reconnaissance extérieure.

Mais tout cela est encore un *an sich*, non un *für sich*[1] – pour utiliser le jargon hégélien. Les acteurs eux-mêmes sont souvent les premiers à nier être mus par de telles considérations et avancent des motivations autres, comme l'inégalité, l'exploitation et l'injustice. Très peu d'indépendantistes québécois, par exemple, admettent que ce qui leur fait gagner leur combat est un manque de reconnaissance de la part des Canadiens anglais.

Ce qui est nouveau, c'est donc que l'exigence de reconnaissance est à présent explicite. Et elle a été rendue telle, comme je l'ai indiqué plus haut, par la diffusion de l'idée selon laquelle nous sommes formés par la reconnaissance. On pourrait dire que, grâce à cette idée, le défaut de reconnaissance s'est à présent élevé au rang de mal pouvant être dénoncé avec vigueur, à côté de ceux énumérés dans le paragraphe précédent.

L'un des auteurs clefs de cette transition est indubitablement Frantz Fanon qui, dans son célèbre livre *Les Damnés de la terre*[1], a soutenu que l'arme essentielle des colonisateurs était l'imposition de l'image des colonisés sur les peuples assujettis. Ces derniers, pour se libérer, doivent avant tout se débarrasser eux-mêmes de ces images de soi dépréciatives. Fanon recommandait la violence comme moyen de libération, en réponse à la violence originelle de la domination étrangère. Tous ceux qui se sont inspirés de Fanon ne l'ont pas suivi dans cette voie, mais l'idée de la lutte pour changer l'image de soi – à la fois

---

* Un *en-soi*, non un *pour soi* (N.d.E.).
1. Paris, Maspéro, 1961.

dans l'esprit du dominé et contre le dominateur – a été largement appliquée. Cette idée est devenue vitale dans certains courants féministes et c'est aussi un élément très important dans le débat contemporain sur le multiculturalisme.

Le lieu essentiel de ce débat est le monde de l'éducation au sens large, en particulier les départements d'études classiques des universités, où l'on multiplie les demandes pour modifier, élargir ou restreindre le « canon » des auteurs académiques, au motif que le canon aujourd'hui en vigueur est presque entièrement composé de « mâles blancs et morts ». Il faudrait, dit-on, réserver une place plus grande aux femmes et aux peuples de race et de culture non européennes. Le second terrain est celui des écoles secondaires, où l'on tente par exemple – aux Etats-Unis – de développer des cursus « afrocentriques » pour les élèves des écoles à majorité noire.

La raison de ces changements proposés n'est pas – au moins principalement – que tous les étudiants pourraient manquer quelque chose d'important par l'exclusion d'un sexe ou de certaines races ou de certaines cultures, mais plutôt que les femmes et les étudiants des groupes exclus subissent ainsi – directement ou par omission – une image dépréciative d'eux-mêmes, puisque toute créativité et toute valeur semblent attachées aux mâles d'origine européenne. Elargir et changer le *curriculum studiorum* est donc essentiel, non point tant au nom d'une culture plus vaste pour tout le monde que pour donner la reconnaissance légitime à ceux qui en étaient jusque-là exclus. L'idée fondamentale qui sous-tend ces demandes est que la reconnaissance forge l'identité, particulièrement dans son application fanoniste : les groupes dominants tendent à renforcer leur position hégémonique en inculquant une image d'infériorité aux groupes soumis. La lutte pour la liberté et

l'égalité doit donc passer par une révision de ces
images. On estime que des cursus multiculturels
aideront à ce processus de révision.

Même si cela n'est pas souvent établi clairement, la
logique sous-jacente à certaines de ces demandes
semble dépendre d'un présupposé : nous devons un
 égal respect à toutes les cultures. Cela ressort de la
nature des reproches faits à ceux qui conçoivent les
cursus traditionnels. L'argument est que les jugements de valeur qui leur servent prétendument de
base étaient en fait impurs et marqués par l'étroitesse
d'esprit et l'absence de sensibilité, ou même – pis
encore – par un désir de dégrader les exclus. On en
infère apparemment qu'une fois ces facteurs de dis-
torsion écartés, des jugements sincères sur la valeur
véritable des œuvres placeraient toutes les cultures
plus ou moins sur un pied d'égalité. Naturellement,
l'attaque pourrait venir d'une position plus radicale
et « néo-nietzschéenne », qui remettrait en question
le statut même du jugement de valeur en tant que
tel ; mais mis à part ce cas extrême (dont la cohé-
rence me paraît douteuse), la présomption semble
être celle de l'égalité des valeurs.

J'aimerais soutenir qu'il y a quelque chose de recevable dans cette présomption, mais qu'elle n'est nul-
lement dépourvue de difficultés et qu'elle implique
une sorte d'acte de foi. En tant que présomption, la
revendication est que toutes les cultures humaines
qui ont animé des sociétés entières durant des périodes parfois considérables ont quelque chose d'important à dire à tous les êtres humains. Je l'ai énoncé de
cette façon afin d'exclure des milieux culturels frag-
mentaires à l'intérieur d'une société, aussi bien que
de brèves phases d'une culture majeure. Il n'y a
aucune raison de croire, par exemple, que les différentes formes d'art d'une culture donnée devraient
être d'égale valeur, voire simplement dignes de

considération : chaque culture peut passer par des phases de décadence.

Mais lorsque j'appelle cet argument une « présomption », je veux dire que c'est une hypothèse de départ à l'aide de laquelle nous devrions aborder l'étude de toute autre culture. La recevabilité de la revendication doit être démontrée par l'étude réelle de la culture. De fait, pour une culture suffisamment différente de la nôtre, il est possible que nous n'ayons *a priori* qu'une idée très confuse de la valeur potentielle de sa contribution. Pour une culture suffisamment différente, en effet, la compréhension réelle de sa valeur nous paraîtra étrange et peu familière. Aborder, par exemple, un *raga* indien avec les catégories de valeur implicites dans *Le Clavier bien tempéré* serait manquer radicalement l'objectif. Ce qui doit se produire est ce que Gadamer a appelé un « mélange des horizons [1] ». Nous apprenons à nous déplacer dans un horizon plus vaste, dans lequel ce que nous avons auparavant considéré comme fondement allant de soi de toute évaluation peut désormais être situé comme *une* possibilité à côté des fondements différents de cultures auparavant peu familières. Le « mélange des horizons » fonctionne à travers le développement de nouveaux vocabulaires de comparaison, grâce auxquels nous pouvons énoncer ces contrastes [2]. De la sorte, si – et quand – nous trouvons pour finir un appui positif pour notre présomption initiale, c'est sur la base d'une compréhension de ce qui constitue la valeur qu'il nous était impossible d'avoir au départ. Nous avons partielle-

1. *Wahrheit und Methode,* Tübingen, Mohr, 1975, p. 289-290.
2. J'ai abordé plus longuement cette question dans « Comparaison, History, Truth », in *Myth and Philosophy,* éd. Frank Reynolds et David Tracy, Albany, State University of New York Press, 1990; et dans « Understanding and Ethnocentricity », in *Philosophy and the Human Sciences,* Cambridge, Cambridge University Press, 1985.

ment atteint le jugement en transformant nos critères.

On pourrait soutenir que nous devons à toutes les cultures une présomption de cette nature. J'expliquerai plus loin quels sont les fondements possibles de cette revendication. De ce point de vue, refuser la présomption de valeur pourrait être considéré comme le simple fruit du préjugé ou de la mauvaise volonté. Cela pourrait même équivaloir à un déni d'égalité de statut. Quelque chose de ce genre pourrait se cacher derrière l'accusation lancée par les partisans du multiculturalisme à l'encontre des défenseurs des canons traditionnels. Supposant que leur répugnance à élargir les canons académiques vient d'un mélange de préjugés et de mauvaise volonté, les multiculturalistes les accusent d'arrogance : ils présumeraient ainsi de leur propre supériorité sur des populations anciennement assujetties.

Cette présomption aiderait à expliquer pourquoi les revendications de multiculturalisme se fondent sur les principes déjà établis des politiques de respect égal. Si le refus de présomption équivaut à un refus d'égalité et si d'importantes conséquences découlent de l'absence de reconnaissance pour l'identité des gens, alors un procès peut être intenté pour insister sur l'universalisation de la présomption comme extension logique de la politique de dignité. De même que tous doivent avoir l'égalité des droits civiques et du droit de vote, sans considération de race ni de culture, de même tous devraient bénéficier de la présomption que leur culture traditionnelle a une valeur. Cette extension, si logiquement qu'elle paraisse découler des normes acceptées de dignité égale, s'accommode pourtant malaisément de celles qui ont été décrites à la section II, parce qu'elle défie l'« aveuglement aux différences » qui en constituait le centre. Pourtant, elle semble bien en découler, quoique avec quelque difficulté.

Je ne suis pas sûr de la validité de l'exigence de
cette présomption comme d'un droit. Mais on peut
laisser ce problème de côté, parce que la revendication présentée semble être beaucoup plus forte. Elle
paraît être qu'un respect véritable pour l'égalité
exige plus qu'une simple présomption qu'une étude
ultérieure confortera, mais bien des jugements réels
de valeur égale appliqués aux coutumes et aux créations de ces différentes cultures. De tels jugements
semblent être implicites dans l'exigence que certaines œuvres soient incluses dans le canon acadé-
mique et dans l'implication qu'elles ne l'ont pas été
plus tôt uniquement par préjugé, mauvaise volonté
ou désir de domination. (Naturellement, la demande
d'inclusion est logiquement séparable d'une revendication de valeur égale. Cette demande pourrait être :
« Incluez-les parce qu'elles sont nôtres, quoiqu'elles
puissent être inférieures. » Mais ce n'est pas ainsi que
parlent ceux qui en font la demande.)

Toutefois, il y a quelque chose de très faux dans
une demande ainsi formulée. Il est juste de réclamer
comme un droit que l'on aborde l'étude de certaines
cultures avec une présomption de leur valeur, comme
il a été dit ci-dessus. Mais il est dépourvu de sens
d'exiger comme un droit que nous finissions par
conclure que leur valeur est grande ou égale à celles
des autres. Autrement dit, si le jugement de valeur
consiste à enregistrer quelque chose d'indépendant de
nos volontés et de nos désirs, il ne saurait être dicté
par un principe d'éthique. A l'examen, soit nous trouverons quelque chose de grande valeur dans telle
culture, soit nous ne le trouverons pas. Mais requérir
a priori un droit de valeur égale n'a pas plus de sens
que d'exiger que nous trouvions la terre ronde ou
plate, la température de l'air chaude ou froide.

J'ai dit cela assez simplement, alors que – comme
chacun sait – il existe une violente controverse sur

l'« objectivité » de jugement dans ce domaine, et sur le fait de savoir s'il y a une « vérité de la matière », comme il semble qu'il y en ait une dans les sciences naturelles, ou bien si, de fait et même dans les sciences naturelles, l'« objectivité » est un leurre. Je n'ai pas ici la place de traiter ce problème. Je l'ai un peu abordé ailleurs[1]. Je n'ai guère de sympathie pour ces formes de subjectivisme dont je pense qu'elles sont frappées de confusion. Mais il semble qu'il y ait une confusion toute spéciale à les invoquer dans ce contexte. La solidité morale et politique de la revendication concerne les jugements injustifiés de statut inférieur à l'égard des cultures non hégémoniques. Toutefois, si ces jugements sont, en dernier ressort, une question de volonté humaine, alors le problème de la justification disparaît. On porte pas, à proprement parler, de jugements qui puissent être vrais ou faux; on exprime l'agrément ou le désagrément; on accepte ou l'on rejette une autre culture. Mais alors il faut ensuite s'en prendre au refus d'avaliser et la validité ou la non-recevabilité des jugements n'a rien à voir avec cela.

Ensuite cependant, l'acte de déclarer les créations d'une autre culture méritoires et l'acte de se déclarer de leur côté – même si leurs créations ne sont pas si impressionnantes – deviennent non distinguables. La différence n'est que dans l'emballage. Pourtant, le premier est normalement compris comme une expression originale de respect, le second comme une protection insupportable. Les bénéficiaires supposés de la politique de reconnaissance – ceux qui pourraient réellement bénéficier de leur reconnaissance – font une distinction vitale entre les deux actes. Ils savent qu'ils souhaitent le respect, non la condescendance. Toute théorie qui gomme la distinction semble

1. Voir la première partie des *Sources of the Self*, *op. cit.*

présenter, au moins de prime abord, des facettes très déformantes de la réalité qu'elle prétend soutenir.

En fait, des théories subjectivistes – à demi néo-nietzschéennes – sont très souvent invoquées dans ce débat. Dérivant fréquemment de Foucault et de Derrida, elles proclament que tous les jugements de valeur sont fondés sur des critères qui sont, en dernier ressort, imposés (puis renforcés) par des structures de pouvoir. Ce pourquoi ces théories prolifèrent ici devrait être clair. Un jugement favorable sur demande est une ineptie, à moins que certaines de ces théories soient recevables. En outre, la délivrance d'un tel jugement sur demande est un acte de condescendance stupéfiant. Personne ne peut réellement y voir un authentique acte de respect. Cela ressemble plus à un acte de respect prétendu, accordé sur l'insistance de son bénéficiaire supposé. Objectivement, un tel acte implique le mépris pour l'intelligence de ce dernier : être l'objet d'un tel acte de respect dévalorise! Les tenants des théories néo-nietzschéennes espèrent échapper à ce nœud d'hypocrisie en transformant la totalité du problème en une question de pouvoir et de contre-pouvoir. La question n'est donc plus une affaire de respect, mais de parti pris de solidarité. Pourtant, c'est difficilement une solution satisfaisante, parce que, en prenant parti, on manque la force agissante de ce genre de politique, qui est précisément la recherche de reconnaissance et de respect.

En outre, même si l'on peut l'exiger d'eux, la dernière chose que l'on souhaite des intellectuels euro-centristes, à ce degré, est l'émission de jugements positifs sur la valeur de cultures qu'ils n'ont pas étudiées avec profondeur. En effet, les jugements réels de valeur supposent un horizon aux critères transformés, comme nous l'avons vu; ils supposent que nous avons été modifiés par l'étude de l'autre, de sorte que nous ne jugeons pas simplement d'après nos critères originaux et familiers. Un jugement favorable rendu prématurément ne serait pas seulement condescendant, mais ethnocentrique : il ferait à autrui l'éloge d'être comme nous.

Il existe un autre problème grave avec la plupart des politiques de multiculturalisme. L'exigence péremptoire de jugements de valeur favorables est paradoxalement – peut-être devrait-on dire tragiquement – homogénéisante. Elle implique en effet que nous disposons déjà des critères pour effectuer de semblables jugements. Mais les critères dont nous disposons sont ceux de la civilisation de l'Atlantique Nord. De la sorte, implicitement et inconsciemment, les jugements vont emprisonner les autres dans nos catégories. Par exemple, nous penserons à leurs « artistes » comme créant des « œuvres » que nous pourrons ensuite inclure dans nos modèles. En invoquant implicitement nos critères pour juger toutes les civilisations et les cultures, les politiques de différence peuvent finir par faire la même chose de tout le monde [1].

Sous cette forme, l'exigence de reconnaissance égale est inacceptable. Mais l'histoire ne s'achève pas là. Les ennemis du multiculturalisme, dans l'université américaine, ont perçu cette faiblesse et s'en sont servis d'excuse pour tourner le dos au problème. Mais cela ne marche pas. Une réponse

---

1. Les mêmes conceptions homogénéisantes sous-tendent la réaction négative selon laquelle beaucoup de peuples ont à revendiquer la supériorité sous certains aspects au nom de la civilisation occidentale, disons au regard de la science naturelle. Mais il est absurde de chicaner sur le principe de telles revendications. Si toutes les cultures avaient fait une contribution de valeur, il serait impossible qu'elles fussent identiques ou même qu'elles incarnassent le même type de valeur. Attendre cela serait largement sous-estimer les différences. Finalement, la présomption de valeur imagine un univers dans lequel différentes cultures se complètent l'une l'autre avec des types de contribution très divers. Non seulement ce tableau est compa-

comme celle que l'on attribue à Bellow (citée plus
haut) révèle les abîmes de l'ethnocentrisme. Premièrement, elle renferme le postulat implicite que
l'excellence doit prendre des formes qui nous sont
familières : les Zoulous devraient produire « un
Tolstoï ». Deuxièmement, on postule que leur
contribution est encore à venir (« *Quand* les Zoulous produiront un Tolstoï... »). Ces deux postulats
marchent manifestement de pair. S'ils doivent produire le genre d'excellence que nous recherchons,
leur seul espoir est évidemment dans l'avenir.
Roger Kimball le souligne de manière plus
abrupte : « N'en déplaise aux multiculturalistes, le
choix auquel nous devons faire face aujourd'hui
n'est pas entre une culture occidentale "répres-
sive" et un paradis multiculturel, mais entre la
culture et la barbarie. La civilisation n'est pas un
don du ciel, c'est une réalisation – une réalisation
fragile qui a constamment besoin d'être consolidée
et défendue contre les assaillants de l'intérieur
comme de l'extérieur [1]. »

Il doit exister une voie moyenne entre – d'un
côté – la demande inauthentique et homogénéisante pour la reconnaissance d'égale valeur, et – de
l'autre – l'enfermement volontaire à l'intérieur de
critères ethnocentriques. Il existe d'autres cultures
et nous avons à vivre de plus en plus ensemble, à
la fois à l'échelle mondiale et dans le mélange de
nos sociétés individuelles.

Ce qui est ici en jeu est la présomption d'égale
valeur que j'ai décrite ci-dessus : une attitude que
nous prenons en nous lançant dans l'étude de
l'autre. Peut-être n'avons-nous pas besoin de
demander si c'est quelque chose que les autres

tible avec la « supériorité sous un certain aspect », mais il
implique des jugements de ce type.
   1. « Tenured Radicals », in *New Criterion*, janvier 1991, p. 13.

peuvent exiger de nous comme un droit? Nous pourrions simplement demander si c'est bien la manière dont nous devons aborder les autres.

Qu'en est-il? Comment cette présomption peut-elle être fondée? L'un des fondements proposés est d'ordre religieux. Herder, par exemple, avait une conception de la divine Providence selon laquelle toute variété de culture n'était pas une pure contingence, mais était censée apporter une plus grande harmonie. Je ne saurais écarter une telle conception. Mais pour rester sur le plan humain, on pourrait soutenir qu'il est raisonnable de supposer que les cultures qui ont fourni un horizon de pensée à un grand nombre d'êtres humains, de caractères et de tempéraments si divers, pour une longue durée de temps – qui ont, en d'autres termes, énoncé leur sens du bien, du sacré, de l'admirable – sont presque certaines de renfermer quelque chose qui mérite notre admiration et notre respect, même si cela s'accompagne de beaucoup d'autres choses que nous serons forcés de détester et de rejeter. Peut-être pourrait-on le dire autrement : ce serait une outrecuidance suprême d'écarter cette possibilité *a priori*.

Il y a peut-être ici, après tout, une affaire de morale. Nous avons seulement besoin du sentiment de notre propre part, limitée, à toute l'histoire humaine pour accepter la présomption. Seule l'arrogance – ou quelque manquement moral analogue – peut nous en priver. Toutefois, ce que la présomption requiert de nous n'est pas de trancher péremptoirement et de manière inauthentique sur l'égalité de valeur; mais d'être ouverts à l'étude culturelle comparative, pour déplacer nos horizons vers des mélanges nouveaux. Ce qui est requis par-dessus tout est d'admettre que nous sommes très loin de cet ultime horizon du haut duquel la valeur relative des différentes cultures pourrait être évidente. Cela signifierait rompre avec une illusion qui tient encore dans ses griffes beaucoup de « multiculturalistes » – tout autant que leurs contradicteurs les plus acharnés [1].

- libéralisme
- problème politique
  multiculturalisme

- ethnocentrisme
- religion

1. Il y a une très intéressante critique des deux camps extrémistes, dont je me suis inspiré pour cet exposé, dans Benjamin Lee, *Towards a Critical Internationalism* (à paraître).

COMMENTAIRE

par Susan Wolf

Parmi les nombreuses questions que soulève l'essai riche et stimulant de Charles Taylor, j'ai choisi de m'attacher à celle qu'il traite en dernier et d'explorer, comme il le fait, comment la politique de reconnaissance engendre à proprement parler le problème de l'éducation multiculturelle. Toutefois, avant d'en venir là, j'estime nécessaire de faire quelques observations sur l'un des chemins non empruntés – celui qui se serait attaché à des sujets proprement féministes. Le professeur Taylor note justement la communauté de racines historiques et théoriques de l'exigence de reconnaissance – et de l'évaluation de son importance – chez les féministes et chez les politiques multiculturalistes. Il existe toutefois des différences, à la fois dans les obstacles rencontrés et dans les manières d'y remédier. Il serait honteux que, tout en admettant l'importance de la reconnaissance (et particulièrement l'identification des différences), nous manquions de reconnaître les différences parmi les divers manques de reconnaissance et les inconvénients qui en découlent.

Les manques de reconnaissance auxquels le professeur Taylor s'attache essentiellement sont : premièrement, ne pas reconnaître que les membres de l'une ou l'autre minorité ou groupe défavorisé *ont* une identité culturelle avec un ensemble individualisé de traditions et de pratiques, et une histoire intellectuelle et esthétique distincte; deuxièmement, le refus de reconnaître que cette identité culturelle est d'une importance et d'une valeur profondes. Les inconvénients les plus évidents, dans ce contexte, sont – au moins – que les membres des cultures non reconnues se sentiront déracinés et vides, manquant des sources nécessaires au sentiment de communauté et d'une base pour s'estimer eux-mêmes, et – au pire – qu'ils seront menacés du risque d'annihilation culturelle. Les remèdes les plus évidents comprennent la publication, l'admiration et la préservation explicite des traditions culturelles et des réalisations de ces groupes, entendues comme traditions et réalisations appartenant spécifiquement aux descendants des cultures importantes.

Toutefois, la situation des femmes n'est pas entièrement parallèle à celle des membres de ces cultures mal appréciées. Alors que, dans les contextes multiculturels, l'exigence prédominante de reconnaissance est de voir sa culture et son identité reconnues en tant que telles (de voir par exemple son identité appréciée et respectée *en tant qu'* Américain d'origine indienne, africaine ou asiatique), la question de savoir si, comment et avec quelle signification on souhaite être reconnu comme femme est en elle-même un objet de violentes discussions. Il y a en effet un sens selon lequel les femmes ont été reconnues pendant trop longtemps comme femmes – en fait, comme « rien d'autre que des femmes » – et la question des moyens pour dépasser ce type de reconnaissance spécial et dévoyé fait problème, en partie parce qu'il n'existe pas d'héritage culturel séparé qui soit net (ou nettement désirable) pour redéfinir et réinterpréter ce que signifie la possession d'une identité de femme.

A la différence des Canadiens français ou – à un moindre degré – des mormons, des amish ou des juifs orthodoxes vivant aux Etats-Unis, les femmes, en tant que groupe, ne sont pas menacées de quelque annihilation. Malgré les progrès de la biotechnologie qui rendent cette option biologiquement possible, cet inconvénient n'est pas l'un de ceux dont elles ont à se soucier. Le problème prédominant pour les femmes en tant que telles n'est pas non plus que le secteur le plus important ou le plus puissant de la communauté manque de remarquer – ou de se soucier de préserver – l'identité sexuée des femmes, mais que cette identité soit mise au service de l'oppression et de l'exploitation. Dans ce contexte, les défauts de reconnaissance les plus évidents sont, premièrement, le refus de reconnaître les femmes comme des individus dotés de pensée, d'intérêts et de talents qui leur sont propres, lesquels peuvent s'accommoder plus ou moins bien du rôle que leur sexe leur a assigné; deuxièmement, la non-reconnaissance des valeurs et des savoir-faire impliqués dans les activités traditionnellement associées aux femmes, et la façon dont l'expérience et l'attention portées à ces activités peuvent rehausser plutôt que limiter les capacités intellectuelles, artistiques et professionnelles d'une femme dans d'autres contextes.

Il est impossible qu'un essai s'attache à traiter tous les problèmes qui peuvent être soulevés sous le titre de « politique de reconnaissance ». En effet, il est remarquable de voir combien Taylor a su rassembler d'implications historiques, intellectuelles et politiques dans un espace aussi restreint. On peut toujours espérer qu'à long terme, une attention plus détaillée aux différences entre les problèmes de reconnaissance les plus évidents pour les femmes, et les problèmes de reconnaissance les plus évidents pour les cultures, aussi bien qu'une attention plus marquée aux différences à l'intérieur de ces catégories qui varient en fonction de la classe, de la race, de la religion et de faits empiriques plus particuliers, seront en mesure de nourrir les conclusions à la fois théoriques et pratiques que nous tirons lorsque nous considérons l'un de ces problèmes. Les problèmes des femmes qui ont été enfermées dans leur rôle de femmes peuvent nous rappeler que, par exemple, les Américains d'origine africaine risquent aussi d'être contraints, du fait de l'intolérance, à donner à l'identité culturelle une place centrale dans leur vie. Et les problèmes de ceux qui ont été poussés à ignorer, supprimer ou écarter leurs différences d'avec les hétérosexuels blancs et chrétiens peuvent également nous rappeler les dangers qu'il y a à tenter de nier l'importance des différences sexuelles, qui peuvent aller très loin.

Dans tous les cas, une réflexion sur un ensemble de problèmes peut modifier nos conceptions lorsque nous nous tournons vers un autre ensemble. Ainsi, il se pourrait fort bien que mon travail récent sur les problèmes de sexe aide à expliquer mon point de vue sur le sujet vers lequel je me tourne à présent.

Spécifiquement, j'aimerais considérer – comme Taylor l'a fait – la demande de reconnaissance de la diversité des cultures, et particulièrement la manière dont cette demande s'exprime elle-même dans la sphère de l'éducation. Comme le professeur Taylor le remarque, l'exigence de respect égal pour les différentes cultures – ou pour les membres et les héritiers de ces différentes cultures – a conduit à revendiquer que les contributions de ces cultures soient reconnues (et *immédiatement* reconnues) comme également recevables et appréciables. Comme Taylor le note aussi, c'est une exigence qui, au moins sous sa formulation la plus fréquente, est intrinsèquement inconsistante, donc impossible à satisfaire. L'exigence que toutes les cultures et toutes les réalisations qu'elles produisent soient évaluées comme également bonnes emporte avec elle la répudiation de tous les critères d'évaluation possibles, ce qui ruine la validité des jugements d'égale valeur aussi bien que des jugements de valeur inférieure. Taylor fait valoir, à juste titre selon moi, que le courant subjectiviste et déconstructionniste, avec ce genre d'arguments, finit par détruire les objectifs que ces mêmes arguments sont censés étayer. Il fait valoir (à juste titre encore) que, bien que le subjectivisme offre une réponse facile et rapide aux demandes justifiant une révision des modèles académiques, c'est une réponse qui débouche finalement sur le mépris pour la pratique même de la justification, pour le vocabulaire de l'appréciation critique, et pour tout ce qui pourrait servir de fondement à un respect authentique. Ainsi, avance-t-il (une fois encore très justement) que c'est une erreur de demander que les œuvres de chaque culture soient évaluées – avant toute inspection et appréciation – comme des œuvres également bonnes, montrant également le génie humain et contribuant également au capital de beauté et de splendeur de l'humanité.

Pourtant, je trouve quelque chose de bizarrement dérangeant dans le point de vue de Taylor sur les conséquences qui en découlent, et dans ses propositions sur ce que – si nous ne voulons pas être subjectivistes – nous devons comprendre comme implication légitime du droit de reconnaissance. L'auteur suggère que la reconnaissance exige que nous accordions à toutes les cultures la *présomption* que, « [puisqu'elles] ont animé des sociétés entières pendant de longues périodes de temps, [elles] ont quelque chose d'important à dire à tous les êtres humains. » Cela nous engage à étudier ces cultures, à déployer nos imaginations et à ouvrir nos esprits de façon à nous mettre en mesure de voir ce qui est distinctement appréciable en elles. A terme, lorsque la présomption s'avère justifiée, nous pouvons passer à un jugement de valeur égale ou distincte, car alors – et seulement alors – nous sommes en état de comprendre et d'énoncer les valeurs spécifiques et distinctives que chaque culture a à offrir.

Il me semble que cette façon de penser nous entraîne dans une direction malheureuse et qu'elle nous éloigne de l'un des problèmes vitaux que la politique de reconnaissance nous presse de traiter. En effet, au moins l'un des obstacles sérieux que perpétue le manque de reconnaissance a peu de rapport avec la question de savoir si la personne ou la culture qui subit la non-reconnaissance a quelque chose d'important à dire à tous les êtres humains. Le besoin de surmonter ces obstacles ne dépend donc ni de la présomption ni de la confirmation de la présomption qu'une culture particulière est en soi appréciable pour des gens placés en dehors de cette culture.

Une façon d'exprimer ce que j'ai dans l'esprit serait d'imaginer, si irréaliste que cela puisse paraître, l'hypothétique Saul Bellow écoutant réellement Taylor et prenant ses remarques à cœur. Il est probable que lorsque Bellow a tenu les propos qu'on lui attribue sur Tolstoï et les Zoulous, son idée implicite était que la norme incluant Tolstoï et tous les autres « mâles blancs, illustres et morts » représentait simplement le meilleur de ce que la culture mondiale avait à offrir, les chefs-d'œuvre de la civilisation humaine. On lui fait à présent remarquer qu'il n'est pas en mesure de faire cette déclaration – puisqu'il n'a que peu de connaissances sur les réalisations des civilisations asiatiques et africaines, sans parler de celles d'Amérique qui ne sont pas blanches;

même s'il les connaît, il est parfaitement incompétent pour en juger.

Si Bellow acceptait l'accusation portée contre lui, il reconnaîtrait que sa remarque a révélé une arrogance extraordinaire et qu'elle a reflété un défaut scandaleux de reconnaissance. Car, en identifiant de manière inconcevable les chefs-d'œuvre de la culture européenne avec les chefs-d'œuvre de la civilisation humaine, il a manqué de reconnaître – et même manqué de voir – toutes les civilisations humaines qui ne sont pas européennes.

Supposons que Bellow accepte l'accusation, qu'il rectifie sa conception de la norme comme représentant non pas les grandes œuvres de la civilisation, mais les grandes œuvres de la civilisation européenne. Quel effet cela aurait-il ? Ma propre supposition est que Bellow – ou, sinon lui, du moins plusieurs de ses collègues – concéderait ce point sans modifier ses vues sur ce que doit être le cursus. J'imagine ainsi sa réplique : « Bon, j'étais peut-être à côté de la plaque en décrivant la norme comme représentant les chefs-d'œuvre du monde. Mais si elle ne représente pas les chefs-d'œuvre du monde, elle représente au moins les chefs-d'œuvre de *notre* monde, de *notre* culture, et cela est suffisant pour justifier qu'elle soit la pièce centrale de *notre* cursus. »

Pourtant, cette réponse révèle un second manque de reconnaissance au moins aussi intolérable que le premier. Car il nous faut imaginer Bellow parlant – au moins – à ses collègues et étudiants de l'université de Chicago. Or, si élitiste que soit cette institution, nous savons que le groupe inclut beaucoup de non-Européens. Et le maître dit, en se référant à la culture blanche et européenne : « Voici notre culture ! », à un auditoire dont les membres ne sont pas tous de race blanche ni tous de souche européenne. Que fait-il alors de tous les autres individus qui sont dans la salle ?

Il n'est pas évident – ce n'est peut-être pas décidé – que le genre de manque de reconnaissance ici évoqué soit mieux interprété comme une exclusion littérale de l'auditoire pour les Américains d'origine africaine et autre – comme si l'on disait : « Lorsque je parle de *notre* culture, je ne parle naturellement pas de *la vôtre* » – ou bien que nous devions considérer cela comme une volonté paternaliste d'accepter ces membres « extérieurs » de l'université de Chicago comme des Blancs et des Européens d'« honneur » (et probablement aussi des hommes d'« honneur »). De toute façon, cette sorte de manque de reconnaissance est extrêmement répandu dans notre système éducatif et il se situe à un niveau d'insulte et de dommage qui exige réparation immédiate.

L'insulte ici évoquée est fondamentalement une insulte aux individus et non aux cultures. Elle consiste soit à ignorer la présence de ces individus dans notre communauté, soit à négliger ou à rabaisser l'importance de leur identité culturelle. En manquant de respect envers l'existence ou l'importance de leur histoire, de leur art et de leurs traditions particulières, nous ne les respectons pas comme des égaux dont les intérêts et les valeurs ont un statut égal dans notre communauté.

Toutefois, ce manque de respect ne dépend pas d'une quelconque opinion sur les mérites relatifs d'une culture comparée à une autre. La nécessité d'y remédier ne repose pas non plus sur la prétention que les cultures des Américains d'origine asiatique, africaine ou indienne ont quelque chose de particulièrement important à enseigner au monde. Elle repose sur l'affirmation que ces cultures font partie de notre culture, ou plutôt de celle des groupes qui, tous ensemble, constituent notre communauté.

Chaque fois que je vais en bibliothèque avec mes enfants, je suis confrontée à l'illustration de la façon dont les générations passées ont refusé de reconnaître à quel point notre communauté est multiculturelle, à quel point aussi la politique de reconnaissance peut conduire – et conduit de fait – à une sorte de progrès social. Mes enfants ont tendance à se retrouver à la section des contes et légendes. Ils apprécient plusieurs des histoires que j'ai appréciées à leur âge (*Blanche-Neige, Les Musiciens de Brême,* etc.), mais leurs livres favoris comportent également des contes d'Afrique, d'Asie, d'Europe de l'Est et d'Amérique latine, totalement ignorés lorsque j'avais leur âge.

Ma mère a-t-elle manqué de « reconnaître » ces livres comme des ouvrages dont j'aurais pu profiter ? Les a-t-elle repoussés sur les rayons lorsqu'elle a vu le style étranger des illustrateurs, ou bien les yeux bridés et la peau sombre des personnages ? Peut-être l'aurait-elle fait, si ces livres avaient été dans la bibliothèque. Mais avant que les pouvoirs de discernement de ma mère aient pu être mis à l'épreuve, je soupçonne que d'autres avaient déjà limité la sélection. Car les bibliothécaires avaient probablement refusé de reconnaître ces livres en parcourant les catalogues et les listes pour décider des commandes. Et ces catalogues eux-mêmes reflétaient probablement les décisions des éditeurs qui, à l'étape précédente, avaient refusé de reconnaître, au nombre des manuscrits acceptés et des auteurs cultivés et encouragés, le potentiel d'intérêt, de plaisir et plus généralement d'enrichissement que représentaient ces histoires.

Je pense que des progrès remarquables ont été faits dans ce domaine, avec des résultats qui ne le sont pas moins. Manifestement, l'un des plus importants est que les enfants américains d'origine africaine, asiatique ou indienne – et d'autres encore – peuvent trouver aujourd'hui dans les bibliothèques des livres qui expriment et illustrent des traditions et des légendes auxquelles ils sont plus étroitement liés, des livres dans lesquels les personnages sont vêtus et parlent comme leurs parents et leurs grands-parents. Par ailleurs, les peuples dotés d'histoires à raconter et de scènes à peindre illustrant les traditions et la vie de ces cultures reconnaissent qu'ils ont ces choses à offrir et qu'il y a un public pour les recevoir avec plaisir. Autre résultat : *tous* les enfants d'Amérique ont à présent à leur disposition une grande variété de styles littéraires et artistiques – et, plus simplement, une diversité d'histoires – qui pourraient constituer l'embryon d'un héritage véritablement multiculturel. Lorsqu'un enfant en rencontre un autre avec cette ouverture d'esprit, il n'attend pas de lui qu'il lui soit semblable, pas plus qu'il ne le considère comme un « autre » ou un « étranger ».

En fait, les contes et légendes de ces autres pays et de ces autres cultures sont aussi agréables pour moi et pour mes enfants que les contes de fées français et allemands dont les bibliothèques des enfants de ma génération étaient pleines. Mais la valeur que j'aimerais souligner en applaudissant à ce foisonnement multiculturel de contes disponibles n'est ni directement ni même fondamentalement liée à un jugement comparatif sur la valeur littéraire de ces histoires. L'inconvénient le plus important auquel les manques de reconnaissance antérieurs ont contribué, dans nos bibliothèques, n'est pas que nous étions privés de l'accès à certains grands contes populaires, aussi grands, voire plus, que ceux qui étaient alors présents sur les rayonnages. Il n'y a jamais eu pénurie de belles histoires à lire pour les enfants, ni de compétition pour déterminer quelle histoire était la meilleure. Le bénéfice le plus important – ou du moins celui que j'aimerais accentuer ici – n'est pas non plus que notre stock de légendes soit aujourd'hui meilleur ou plus étendu qu'auparavant. C'est plutôt qu'en possédant ces livres et en les lisant, nous venons à nous reconnaître nous-mêmes comme une communauté multiculturelle, donc à reconnaître et à respecter les membres de cette communauté dans toute leur diversité.

La façon dont ces considérations influent sur le sujet de l'éducation universitaire – et même, plus spécifiquement, sur la révision du cursus – est une affaire compliquée, car les objectifs d'une éducation universitaire, les méthodes appropriées pour atteindre ces objectifs, les responsabilités des institutions publiques et privées antagonistes – tout est matière à controverse, par rapport à quoi il faut situer les discussions sur la valeur du multiculturalisme. Il est certain que l'un des objectifs de l'éducation universitaire est de former des étudiants et de leur enseigner comment apprécier la *grande* littérature, le *grand* art, la *grande* philosophie et les *meilleures* des théories et des méthodes scientifiques. En fonction de cet objectif, le fait qu'une œuvre d'art – ou une idée ou une théorie – soit jugée objectivement meilleure qu'une autre, pour autant que ce genre de jugement puisse être porté avec intelligence et sensibilité, sera important pour décider d'un cursus, indépendamment de toute considération concernant les traditions culturelles dont ces œuvres et ces pensées sont originaires. A l'évidence, c'est avec cet objectif en tête que Bellow a fait la remarque agressive qui lui est attribuée et c'est en ayant ce même objectif en tête que la réponse de Taylor la condamne.

Mon propos n'a pas été de discuter l'opportunité de cet objectif dans l'éducation, ni celle des remarques de Taylor sur les implications que notre reconnaissance en devenir des cultures non occidentales, non européennes et non blanches a pour nos idées sur la manière d'y arriver. Il a plutôt été de sou-

ligner que ce n'est pas – et que ce n'a jamais été – le
seul objectif légitime d'une éducation. Apprendre à
penser avec rigueur et créativité, apprendre à regarder et à écouter avec sensibilité et ouverture d'esprit,
ont toujours été des objectifs éducatifs recherchés par
une grande variété de méthodes : l'ouverture aux
grandes œuvres n'est que l'une d'entre elles. Plus
près du sujet, apprendre à comprendre *nous-mêmes
notre* histoire, *notre* environnement, *notre* langue,
notre système (ainsi que l'histoire, la culture, la
langue et la politique des sociétés particulièrement
intéressantes ou proches de nous) a toujours été un
objectif dont la justification et la valeur ne sont pas
contestées.

Jusqu'à une date récente, il se peut que les Blancs
d'origine européenne n'aient pas ressenti le besoin
de démêler quelles raisons ils ont eues d'étudier et
d'enseigner leur littérature et leur histoire. La politique de reconnaissance a augmenté leur sensibilité
au fait que *leur* littérature pourrait ne pas être coex-
tensive avec la grande littérature. Reconnaître cela
nous donne l'occasion de nous demander ce qui
explique et justifie leur intérêt et leur engagement à
étudier Shakespeare, par exemple : est-ce vraiment
sa grandeur objective, transculturelle ou son importance dans la définition et le modelage de nos traditions littéraires et dramatiques ? Dans le cas de
Shakespeare, il n'est pas besoin de choisir. Toutes
deux sont d'excellentes raisons pour l'étudier et pour
l'inclure dans le cursus. Plus généralement, les deux
types de raisonnement que ces raisons illustrent ont
leur place dans l'élaboration des programmes universitaires. Les deux formes de justification sont affec-
tées par une reconnaissance consciencieuse de la
diversité culturelle.

Suivant les traces de Bellow, Taylor s'intéresse au
premier type de justification. Il considère comme

acquis que la raison de quelqu'un pour étudier une culture plutôt qu'une autre doit être que cette culture est d'une importance objective particulière, ou qu'elle a quelque contribution majeure – esthétique ou intellectuelle – à apporter. Taylor a raison de noter que les valeurs reflétées dans ce type de raisonnement nous donnent également raison de rechercher dans le monde entier, avec patience et soin, pour trouver et apprendre à apprécier les grandes réalisations humaines, où qu'elles puissent être.

La raison de Taylor pour étudier des cultures différentes est donc qu'avec le temps, ces études finiront par « payer » en élargissant la compréhension du monde et en améliorant la sensibilité à la beauté. C'est assurément *une* raison pour étudier des cultures différentes, mais ce n'est ni la seule raison ni, selon moi, la plus urgente.

Mon idée, dans cet essai, est de reconnaître la légitimité du second type de justification, mais en insistant sur le fait que dans ce contexte – au moins autant que dans le premier – il est nécessaire de reconnaître consciencieusement la diversité culturelle. De fait, on pourrait même dire que la justice l'exige.

Il n'y a aucun mal à éprouver un intérêt particulier pour une culture parce qu'elle est la sienne, ou parce qu'elle est celle d'un ami ou d'un proche. De fait, avoir un intérêt spécial pour sa propre culture et pour sa propre histoire communautaire, fait partie de ce qui maintient cette culture communautaire en vie, de ce qui la crée, la réforme et la soutient. Mais la politique de reconnaissance a des conséquences pour ce qui est ainsi justifié au moins aussi importantes que les conséquences pour ce qui peut être justifié impartialement. La politique de reconnaissance ne nous pousse pas simplement à faire des efforts afin de reconnaître l'autre plus activement ou plus précisément – à reconnaître ces peuples et ces cultures qui occupent le monde à côté de nous; elle nous pousse aussi à prendre une vue plus proche et moins sélective de ceux qui partagent les villes, les bibliothèques et les écoles que nous appelons nôtres. Il n'y a aucun mal à allouer une place spéciale dans le cursus universitaire à l'étude de notre histoire, de notre littérature et de notre culture. Toutefois, si nous voulons vraiment l'étudier, nous ferions mieux de reconnaître au préalable qui nous sommes – en tant que communauté.

COMMENTAIRE

par Steven C. Rockefeller

La tradition démocratique libérale est le fruit d'un idéal de liberté universelle, d'égalité et d'accomplissement, lequel – même dans le meilleur des cas – n'a été que partiellement réalisé et ne peut pas être encore imaginé complètement. La signification spirituelle de l'histoire américaine et de l'histoire des autres nations démocratiques est, en gros, l'histoire de la quête de cet idéal. Le cœur de la tradition libérale est un processus de création, une méthode individuelle et sociale de transformation, destinée à permettre aux hommes et aux femmes de rechercher la matérialisation de cet idéal. Charles Taylor a élucidé la façon dont le multiculturalisme et la politique de différence et de reconnaissance égalitaire influencent actuellement ce processus de transformation. Il a expliqué de la manière la plus instructive les origines historiques, dans la pensée moderne, des idées qui jouent un rôle central dans le présent débat.

La politique et l'éthique de dignité égale ont besoin d'être approfondies et développées, de façon à ce que le respect pour l'individu soit conçu comme englobant non seulement le respect pour le potentiel humain universel présent en chacun, mais aussi le

respect pour la valeur intrinsèque des différentes
formes culturelles dans et par lesquelles les individus
matérialisent leur humanité et expriment leur per-
sonnalité unique. Les réflexions qui suivent
cherchent à mettre cette idée en perspective, en relation avec les valeurs de la démocratie libérale, le
mouvement écologique et la dimension religieuse de
l'expérience humaine. Ces perspectives peuvent
nous aider à apprécier les contributions positives de
la politique de reconnaissance et à débusquer les
dangers sous les formes extrêmes dont ils menacent
de subvertir les idéaux de liberté universelle et de
communauté.

I

Avant toute chose, il est important de clarifier un
problème fondamental lorsque l'on aborde la
reconnaissance de la diversité dans un contexte social
et politique démocratique. D'un point de vue démocratique, l'identité ethnique d'une personne n'est pas
son identité première; importante comme le respect
pour la diversité dans les sociétés démocratiques
multiculturelles, l'identité ethnique n'est pas le fondement de la reconnaissance de l'égalité de valeur ni
de la notion voisine de l'égalité des droits. D'un point
de vue démocratique, en tant que représentants de la
nature humaine universelle, tous les êtres humains
sont de valeur égale; tous les individus méritent un
égal respect et une chance égale pour leur propre
accomplissement. En d'autres termes, du point de
vue de la démocratie libérale, une personne possède
le droit de revendiquer d'abord et avant tout l'égalité
de reconnaissance, sur la base de son identité

humaine et de son potentiel universel, non sur la base première d'une identité ethnique. Notre identité universelle d'êtres humains est notre identité première et elle est plus fondamentale que toute identité particulière, qu'elle soit de citoyenneté, de sexe, de race ou d'origine ethnique.

Il peut se faire que, dans certaines situations, les droits des individus puissent être mieux défendus en mettant en avant les droits d'un groupe entier défini – par exemple – par le sexe ou la race, mais cela n'altère en rien la situation de l'identité première d'une personne. Elever l'identité ethnique, qui est secondaire, à la hauteur ou au-dessus de l'identité universelle d'une personne, c'est affaiblir les fondements du libéralisme et ouvrir la porte à l'intolérance.

Ce qui est universellement partagé dans l'humaine nature s'exprime sous une grande diversité de formes culturelles. D'un point de vue démocratique, les cultures particulières sont évaluées critiquement selon la façon dont elles donnent une expression concrète et distincte aux capacités et aux valeurs universelles. L'objectif d'une culture démocratique libérale est de respecter – non de réprimer – les identités ethniques et d'encourager les différentes traditions culturelles à développer entièrement leur potentiel pour exprimer les idéaux démocratiques de liberté et d'égalité, conduisant dans la plupart des cas à des transformations culturelles majeures. La façon dont les diverses cultures réalisent cet objectif pourra varier, ce qui donne une grande diversité aux formes de la vie démocratique à l'échelle du monde. Les cultures peuvent subir des changements intellectuels, sociaux, moraux et religieux importants, tout en maintenant la continuité avec leur passé.

Ces réflexions soulèvent quelques questions sur l'adoption par Taylor d'un modèle de libéralisme qui

permet aux objectifs d'un groupe culturel particulier
– comme les Canadiens français du Québec – d'être
activement soutenus par le gouvernement au nom de
leur survivance culturelle. Une chose est de soutenir,
sur la base du droit à l'autodétermination, l'autonomie politique d'un groupe historiquement distinct,
comme les populations guinéennes de l'âge de pierre
ou la culture bouddhique en Chine ; mais la situation
devient plus compliquée lorsque l'on envisage la
création d'un Etat autonome à l'intérieur d'une
nation démocratique, comme dans le cas des Québécois, ou l'établissement d'un système scolaire public
distinct et doté de son propre cursus pour un groupe
particulier, comme aux Etats-Unis. Considérant le
foyer de libéralisme que représente le Québec de
Taylor, je suis inquiet du danger d'érosion – avec le
temps – des droits humains fondamentaux, danger
qui naît et se développe à partir d'une mentalité
séparatiste élevant l'identité ethnique au-dessus de
l'identité humaine universelle. La démocratie américaine s'est développée comme une découverte pour
transcender le séparatisme et les rivalités ethniques
qui ont eu un effet si destructeur sur la vie de
l'« Ancien Monde » – la guerre civile en Yougoslavie
n'étant que l'exemple le plus récent.

II

    La clarification de la nature et de la signification
de la démocratie libérale fournit une voie pour
explorer plus avant les problèmes moraux et politiques soulevés par la politique de reconnaissance.
Certains libéraux contemporains ont plaidé pour la
neutralité de l'Etat libéral entre les diverses concep-

tions de la vie idéale. Dans cette perspective, le libéralisme opératoire implique un engagement moral envers des processus qui assurent le traitement satisfaisant et égal de tous, mais non un engagement moral envers des fins spécifiques de l'existence – c'est-à-dire envers un idéal de vie. Par exemple, le libéralisme opératoire respecte la séparation de l'Eglise et de l'Etat. Il crée aussi une sorte de culture universelle dans laquelle tous les groupes peuvent prospérer et vivre ensemble. Toutefois, beaucoup de multiculturalistes mettent aujourd'hui en question l'idée selon laquelle le libéralisme peut être neutre en ce qui concerne les conceptions d'un idéal de vie, en faisant valoir que cela reflète une culture régionale anglo-américaine et possède un effet niveleur. Ils rejettent ainsi l'idée que le libéralisme soit – ou puisse être – une culture universelle.

Il y a une part de vérité dans ces deux interprétations du libéralisme. Une culture politique libérale est neutre au sens où elle promeut la tolérance et protège la liberté de conscience, de religion, de parole et de réunion, d'une manière qu'aucune autre culture ne fait. Toutefois, ce n'est qu'une partie de l'histoire. Comme Taylor le reconnaît, le libéralisme est aussi « un credo de combat » et « ne peut ni ne doit prétendre à une neutralité culturelle complète ». Quel est ce « credo de combat » ? Que signifie la démocratie libérale ? Taylor ne l'a pas énoncé aussi complètement que John Dewey.

Une grande variété d'Américains, pour différentes raisons, acceptent l'idée d'une forme purement opératoire du libéralisme politique, en croyant qu'il est moralement neutre quant aux conceptions de l'idéal de vie. Toutefois, ils manquent la pleine signification morale de la démocratie libérale, qui renferme en elle une idée positive de la vie idéale. Le libéralisme, comme le soutenait Dewey, est l'expression d'une foi morale et d'un mode de vie distincts [1].

Pour les libéraux de cette école, la vie idéale est un processus, une façon de vivre, d'interagir avec le monde et de résoudre les problèmes, qui conduit à promouvoir la croissance et la transformation sociales. On réalise la finalité de l'existence – la vie idéale – chaque jour, en vivant dans un esprit libéral ; en montrant un respect égal pour tous les citoyens ; en gardant l'esprit ouvert ; en pratiquant la tolérance ; en cultivant un intérêt de sympathie pour les besoins et les combats des autres ; en imaginant de nouvelles possibilités ; en protégeant les libertés et les droits humains fondamentaux ; en résolvant les problèmes par les méthodes de l'intelligence, dans une atmosphère de non-violence imprégnée d'esprit de coopération. Ce sont là les vertus élémentaires de la démocratie libérale.

Celle-ci, selon Dewey, n'est pas avant tout un mécanisme politique ; c'est un mode de vie individuel. Les politiques démocratiques libérales ne sont fortes et saines que si toute la société est imprégnée de l'esprit de démocratie – dans la famille, à l'école, dans les bureaux et les usines, et dans les institutions religieuses aussi bien que politiques. La signification morale de la démocratie se trouve dans la structure de toutes les institutions, afin qu'elles deviennent des instruments de progrès et de libération pour l'homme. C'est pour cette raison que des questions comme le travail des enfants et le harcèlement sexuel, tout autant que la discrimination sexuelle ou raciale, sont des problèmes pour la démocratie libérale.

1. Voir, par exemple, John Dewey, « Creative Democracy – The Bask Before us », in *Later Works of John Dewey, 1925-1935,* éd. Jo Ann Boydston, Carbondale, Southern Illinois University Press, 1988, tome 14, p. 224-230.

Celle-ci est une stratégie sociale pour permettre aux individus de vivre leur idéal de vie. Elle est inévitablement opposée à l'ignorance et croit fermement que la connaissance et le discernement ont le pouvoir de libérer les hommes. Le moyen vital est la libre communication, fondée sur la liberté d'enquête, de parole et de réunion. Le pouvoir libérateur de la démocratie est aussi étroitement lié à ce que l'on pourrait appeler la méthode démocratique de confiance, qui repose sur l'expérience et l'intelligence expérimentale. L'idée d'absolus moraux et de hiérarchie fixe des valeurs est rejetée. Aucune idée du bien n'est au-dessus de la critique, mais cela ne conduit pas aux errances du relativisme. Grâce à l'expérience, aidée de l'intelligence expérimentale, on peut trouver d'amples raisons pour élaborer des jugements de valeur objectifs dans toute situation particulière.

Lorsqu'une société libérale est confrontée au problème d'accorder des privilèges, des exemptions et l'autonomie politique à un groupe culturel comme les Canadiens français du Québec, elle ne saurait transiger sur les droits humains fondamentaux, comme le reconnaît le professeur Taylor. En outre, ceux qui comprennent la démocratie libérale en elle-même comme un mode de vie fondé sur une foi morale distincte ne peuvent, la conscience tranquille, accorder à des écoles ou au gouvernement la possibilité de supprimer le mode démocratique de croissance et de transformation. Or, ce mode de vie démocratique se heurte à toute idée rigide ou à tout droit absolu de survivance culturelle; il implique le respect et l'ouverture à toutes les cultures, mais il leur impose aussi d'abandonner les valeurs morales et intellectuelles qui sont incompatibles avec les idéaux de liberté, d'égalité et de recherche coopérative œuvrant pour la vérité et pour le bien-être de tous. C'est une méthode de transformation créative. C'est là son importance spirituelle et révolutionnaire la plus profonde.

Taylor suggère cette importance lorsqu'il décrit la valeur du dialogue interculturel qui transforme la compréhension humaine, conduisant à un « mélange des horizons ». Toutefois, il est peu vraisemblable qu'une société s'ouvre à une telle transformation si elle est préoccupée de la protection d'une culture particulière, au point de permettre au gouvernement de maintenir cette culture au détriment de la liberté individuelle. Il y a là une contradiction gênante entre la défense par Taylor du principe politique de survivance culturelle et son choix d'un échange interculturel ouvert. Lorsque les démocraties libérales affrontent aujourd'hui les problèmes révélés par la politique de différence et proposent des compromis en réponse aux puissantes forces séparatistes et nationalistes, il est essentiel qu'elles ne perdent pas de vue ce problème.

III

Taylor s'attarde un peu sur la question de savoir comment, et sur quelles bases, des groupes culturels différents doivent être reconnus et respectés. A cet égard, il est instructif de noter l'apparition d'une politique de reconnaissance dans le mouvement écologiste, aussi bien qu'avec la politique de différence et de multiculturalisme. Les écologistes demandent que l'on respecte les animaux, les arbres, les rivières et les écosystèmes. A l'instar des multiculturalistes, ils sont attachés à une nouvelle appréciation de la diversité, ainsi qu'au statut moral et légal des droits des groupes opprimés. En outre, de même que les multiculturalistes peuvent critiquer le positionnement de principe des réalisations d'un groupe – comme les mâles blancs européens et américains – comme norme de l'humanité développée, de même certains écologistes critiquent une conception anthropocentrique qui pose en principe l'être humain comme finalité du processus de création, donc comme intrinsèquement supérieur à tous les autres êtres. Dans les deux cas, on s'en prend aux modes de pensée hiérarchiques qui tendent à diminuer ou à nier la valeur d'autres êtres.

Dans leur tentative pour traiter cette question, plusieurs écologistes abandonnent l'orientation anthropocentrique qui attribue aux formes de vie non humaine des valeurs uniquement instrumentales et ne voient en elles que des moyens utilisables pour les fins de l'homme. Ils adoptent une perspective biocentrique qui affirme la valeur inhérente à toutes les formes de vie. Par exemple, la Charte mondiale des Nations unies pour la nature, approuvée par l'Assemblée générale en 1982, inclut le principe que « toute forme de vie est unique et mérite le respect, sans considération de sa valeur pour l'homme », et elle poursuit en affirmant que les êtres humains ont une obligation morale de respecter toutes les formes de vie.

Cette ligne de pensée peut être appliquée à la question de la valeur des diverses cultures humaines. (En conformité avec la définition de Taylor, il s'agit ici de « cultures qui ont animé des sociétés entières pendant des périodes de temps considérables ».) On peut avancer que les cultures humaines sont elles-mêmes comparables à des formes de vie. Elles sont les produits des processus naturels de croissance organique. Chacune d'elles, à sa manière, révèle la façon dont l'énergie créatrice de l'univers, travaillant dans la nature humaine en interaction avec un environnement distinct, en est venue à un foyer unique. Chacune a sa place dans des schémas de pensée plus larges et chacune possède une valeur intrinsèque totalement à part de toute valeur que ses traditions peuvent avoir pour d'autres cultures. Ce fait n'est pas modifié par la considération que, à l'image des êtres vivants, les cultures peuvent évoluer vers des formes désintégrées ou défaillantes.

Tout comme certains écologistes adoptent un égalitarisme biocentrique, de même certains multiculturalistes demandent que toutes les cultures se voient reconnaître une valeur égale. S'appuyant sur la psychologie sociale moderne, Taylor a présenté un argument convaincant en faveur d'une nouvelle attitude morale qui impliquerait d'aborder toutes les cultures avec, au moins, une présomption de cette égalité de valeur. On se rappelle l'ancien proverbe rabbinique disant qu'« un sage apprend de toute personne ». La proposition de Taylor paraît entièrement cohérente avec l'esprit de la démocratie libérale. Toutefois, l'idée d'une présomption d'égale valeur implique l'idée que certaines cultures, examinées de plus près, pourraient ne pas être jugées de valeur égale. La résistance de Taylor à un jugement immédiat d'égalité de valeur reflète un point de vue critique attaché à l'évolution progressive de la civilisation et au besoin d'établir des distinctions sur les mérites relatifs des diverses réalisations des différentes cultures. Toutefois, le point de vue écologique offre une autre perspective en fonction de laquelle toutes les cultures possèdent une valeur intrinsèque et, en ce sens, sont d'égale valeur. Les deux perspectives ont leur place et ne s'excluent pas mutuellement.

Transposée en programme d'action responsable, une présomption – ou reconnaissance – de valeur égale implique par exemple de réécrire les livres de classe de nos écoles, comme cela a été fait en Californie et comme cela est en cours d'exécution dans l'Etat de New York. Je partage les inquiétudes exprimées par Arthur Schlesinger Jr., craignant comme lui que ce genre d'entreprise ne crée une fragmentation sociale encore plus grande [1]. Nous avons besoin d'une nouvelle appréciation, plus approfondie, de l'histoire ethnique du peuple américain, non d'une réduction de l'histoire américaine à des histoires ethniques.

IV

Taylor affirme la possibilité d'un fondement religieux pour une présomption de valeur égale des différentes cultures, et il est éclairant de considérer le problème de la reconnaissance de l'égalité de valeur d'un point de vue religieux. Les arguments qui défendent cette idée dans les démocraties occidentales continuent de refléter l'influence des anciennes notions bibliques et grecques classiques selon lesquelles il y a quelque chose de sacré dans la personne humaine. De la même façon, dans la défense de l'idée de valeur intrinsèque inhérente à toutes les formes de vie, mise en avant par les écologistes, on rencontre fréquemment une pensée qui a ses racines dans l'expérience et les croyances religieuses : toute vie est sacrée, prétend-on. Toutes les formes de vie, si variées soient-elles, sont des fins en elles-même et

1. Arthur Schlesinger Jr., « A Dissenting Opinion », in *Report of the Social Studies Syllabus Review Committee*, State Education Department, State University of New York, Albany (N.Y.), 13 juin 1991, p. 89.

aucune ne doit être considérée comme un simple moyen. Dans le langage de Martin Buber, toute forme de vie devrait être respectée comme un « toi » et non simplement comme un « cela ». Selon le mot d'Albert Schweitzer, on devrait respecter la vie dans tous les êtres comme sacrée et pratiquer le respect de toute vie. Certains théoriciens écologistes comme Aldo Leopold ont essayé de donner à l'idée des droits moraux de la nature une défense scientifique et séculière, mais l'idée du sacré est habituellement implicite, ou jamais très éloignée à l'arrière-plan.

Si, comme on l'a suggéré, toutes les cultures aussi bien que toutes les formes de vie ont une valeur intrinsèque et sacrée, alors, d'un point de vue religieux, toutes sont d'égale valeur. Maître Eckhart, mystique chrétien du XIVe siècle, affirmait : « Dieu aime toutes les créatures également et les remplit de son être. Et nous devrions aller à la rencontre de toutes les créatures dans la même voie[1]. » Dans l'esprit de Johann Gottfried Herder, cité par Taylor, Alexandre Soljenitsyne écrit : « Chaque être, même le plus infime, représente un aspect unique du dessein de Dieu. » Il poursuit en citant la reformulation proposée par Vladimir Soloviev pour le second des Dix Commandements : « Tu aimeras tous les autres comme toi-même[2]. »

Si l'on emploie ce genre d'argument religieux pour défendre l'idée d'égalité de valeur, il faut en reconnaître toutes les implications. Elle est opposée à l'anthropocentrisme aussi bien qu'à tous les égoïsmes de classe, de race ou de culture. Elle appelle à une attitude d'humilité. Elle encourage le respect et la

---

1. Voir Matthew Fox, *Breakthrough : Meister Eckhart's Creation Spirituality in new Translation*, Garden City (N.Y.), Doubleday, 1980, p. 92.
2. Alexandre Soljenitsyne, *Rebuilding Russia : Reflections and Tentative Proposals*, trad. A. Klimoff, New York, Farrar, Straus et Giroux, 1991, p. 21.

fierté de chaque identité particulière, dans la mesure où ce respect et cette fierté naissent d'une reconnaissance de la valeur de l'unicité propre à l'identité de toutes les autres personnes et formes de vie. En outre, si ce qui est sacré dans l'humanité est la vie, qui n'est pas quelque chose d'exclusivement humain, alors l'identité première de l'humanité ne se limite pas à l'homme, mais englobe la biosphère entière qui enveloppe la planète Terre. Les problèmes touchant à l'égalité de dignité, au respect de la diversité ethnique et à la survivance culturelle doivent donc être explorés dans un contexte qui inclut la prise en compte du respect pour la nature entière.

Finalement, on peut parvenir à une vue plus approfondie de la signification de l'exigence de reconnaissance égale en considérant la dimension psychologique du problème. Certains multiculturalistes peuvent demander la reconnaissance de l'égalité de valeur essentiellement pour gagner en pouvoir de pression politique en faveur d'un groupe minoritaire. Toutefois, il y a plus que cela en faveur du multiculturalisme. L'appel à la reconnaissance de l'égalité de valeur des différentes cultures est l'expression d'un besoin profond et universel, celui de l'acceptation sans condition. Le sentiment d'une telle acceptation – qui inclut l'affirmation de la particularité ethnique de chacun aussi bien que celle de son potentiel universellement partagé – est une partie essentielle d'un fort sens de l'identité. Comme Taylor le fait remarquer, la formation de l'identité d'une personne est étroitement liée à la reconnaissance sociale positive (acceptation et respect) de la part des parents, des amis, des aimés, et aussi de la société au sens large. Un sens hautement développé de l'identité implique encore davantage. Les êtres humains n'ont pas seulement besoin de leur sentiment d'appartenance à la société humaine. Spécialement lorsque nous sommes confrontés à la mort, nous avons aussi besoin d'un sens durable de notre appartenance à un ensemble plus large qui est l'univers. La politique de reconnaissance peut donc être aussi l'expression d'un besoin humain compliqué d'acceptation et d'appartenance, qui, à son niveau le plus profond, est un besoin religieux. Ne proposer qu'une présomption de valeur égale ne satisfait pas complètement ce besoin humain plus profond. En outre, d'un point de vue cosmique, tous les gens avec leurs diverses cultures peuvent fort bien posséder une valeur et une appartenance inhérente dans quelque sens ultime. Cela peut être, d'un point de vue religieux, l'élément de vérité dans l'idée d'égalité de valeur.

Il n'est pas possible, pour des politiques séculières laïques, de traiter complètement les besoins religieux des individus ou des groupes dans le sens d'une acceptation inconditionnelle. Toutefois, toute politique démocratique libérale prônant des idéaux de liberté et d'égalité ne saurait échapper à l'exigence de créer un environnement protecteur qui respecte tous les peuples dans leur diversité culturelle, en leur donnant le sentiment d'appartenir à une communauté plus vaste. En outre, dans la mesure où une démocratie libérale encourage les gens à s'identifier non seulement à leur groupe ou nation ethnique, mais aussi à l'humanité et – plus généralement – aux autres formes de vie, elle nourrit également une orientation spirituelle qui conduit à la concrétisation d'un sens de l'harmonie avec le cosmos.

Si l'affirmation d'égalité de valeur repose sur des motifs écologiques ou religieux, cela ne diminue pas l'importance d'une appréciation critique profonde des réalisations et des pratiques de différentes cultures. L'étude comparative et l'analyse critique sont essentielles au développement d'une compréhension interculturelle et d'une reconstruction sociale de progrès. Dans une démocratie libérale, un tel travail peut et doit être accompli, toutefois, dans le cadre d'un respect mutuel fondé sur la reconnaissance de la valeur intrinsèque de toutes les cultures.

COMMENTAIRE

par Michael Walzer

Si le propos d'un commentaire est le désaccord (ce qui est l'une des valeurs humaines que nous entendons défendre), alors je suis voué à être un piètre commentateur : non seulement j'admire le style historique et philosophique de l'essai de Charles Taylor, mais je suis entièrement d'accord avec les vues qu'il présente. Ainsi, j'essaierai simplement de soulever une question à partir de son propre exposé, en me tenant de mon mieux là où il se tient – aussi éloigné d'une certaine sorte d'absolutisme moral de haute volée que d'une certaine sorte de subjectivisme de peu de valeur (qu'il appelle néo-nietzschéen).

Ma question portera sur les deux sortes de libéralisme que Taylor a décrit et que je vais reprendre, en abrégeant son exposé. La première variété de libéralisme – « libéralisme 1 » – est confiée de la manière la plus solide possible aux droits de l'individu et, ce qui est presque un corollaire, à un Etat rigoureusement neutre, c'est-à-dire un Etat sans desseins culturels ni religieux, voire sans aucune sorte d'objectifs collectifs au-delà de la liberté individuelle et de la sécurité physique, du bien-être et de la sûreté de ses citoyens. La seconde sorte de libéralisme – « libéralisme 2 » – fait la part d'un Etat engagé pour la survivance et la prospérité d'une nation, d'une culture ou d'une religion particulière, ou même d'un ensemble (limité) de nations, de cultures et de religions – pourvu que les droits fondamentaux des citoyens qui ont d'autres engagements (ou pas d'engagements du tout) soient protégés.

Taylor préfère le second de ces libéralismes, bien qu'il ne s'attarde pas sur cette préférence dans son essai. Il est important de remarquer que le libéralisme 2 est permissif et non déterminé : les libéraux du second type, écrit Taylor, « sont prêts à peser l'importance de certaines formes de traitement uniforme [en accord avec une puissante théorie des droits] en regard de l'importance de la survivance culturelle, et ils choisissent *parfois* [c'est moi qui souligne] en faveur du second. » Cela signifie manifestement que les libéraux du second type opteront parfois en faveur du libéralisme du premier type. Le libéralisme 2 est optionnel et l'une de ses options est le libéralisme 1.

Cela me semble juste. Nous ne faisons pas ici de choix unique, ni une fois pour toutes; nous adaptons notre politique en fonction des circonstances, même si nous souhaitons aussi modifier ou transformer ces dernières. Mais – telle est ma question – quand devrons-nous choisir l'une ou l'autre des solutions, le libéralisme 1 ou le libéralisme 2?

L'exemple canadien de Taylor pose exactement cette question et il y répond d'une certaine manière. Il voudrait, selon moi, faire l'exception que les Québécois souhaitent, en reconnaissant le Québec comme « société distincte » et en permettant au gouvernement provincial de choisir le libéralisme 2, puis d'agir – avec des limites : il peut exiger la signature en français, il ne peut pas proscrire les journaux anglais – pour la préservation de la culture française. Mais c'est là précisément *faire une exception* : le gouvernement fédéral ne saurait reprendre à son compte le projet québécois, ni aucun autre de même nature. Vis-à-vis de toutes les ethnies et religions du Canada, il reste neutre; c'est-à-dire qu'il défend un libéralisme du premier type.

La plupart des Etats-nations (comme la France, la Norvège et les Pays-Bas, par exemple) ressemblent plus au Québec qu'au Canada. Leurs gouvernements ont un intérêt à la survivance culturelle de la nation majoritaire; ils ne prétendent pas à la neutralité en se référant à la langue, à l'histoire, à la littérature, au calendrier, voire aux mœurs de celle-ci. Ils accordent à tous la reconnaissance et l'appui publics, sans anxiété visible. Dans le même temps, ils prouvent leur libéralisme en tolérant et en respectant les différences ethniques et religieuses, et en accordant à toutes les minorités une égale liberté pour organiser leurs membres, exprimer leurs valeurs culturelles et reproduire leur façon de vivre dans la société civile comme au sein de la famille.

Tous les Etats-nations travaillent à reproduire des hommes et des femmes d'un certain type : Français, Norvégiens, Hollandais, Iraniens, etc. Je ne doute pas qu'il y ait des tensions, parfois des conflits ouverts, entre ces efforts officiels de reproduction sociale et les efforts non officiels des minorités pour se soutenir elles-mêmes à travers le temps. Tensions et conflits semblent être inhérents au libéralisme 2, mais ce n'est pas une raison pour le rejeter – au moins dans les pays où il convient aux exigences d'une nation majoritaire établie depuis longtemps. Le conflit ne peut pas être évité en requérant de tel Etat qu'il fournisse à des groupes minoritaires le même type de soutien qu'il accorde à sa majorité. Il pourrait difficilement le faire sans séparer les diverses minorités et leur donner le contrôle de leur propre espace public, en créant un ou plusieurs Qué-

bec(s) sur son propre sol, alors qu'il n'en existe
aucun. Quelle raison possible aurait-il d'adopter une
telle politique? Le libéralisme 2 est entièrement
approprié ici, comme il est actuellement approprié
au cas du Québec. Dans la mesure où les droits fondamentaux sont respectés, il semble n'y avoir aucune
nécessité de préservation ou de protection égale pour
les cultures minoritaires.

Le premier type de libéralisme, au contraire, est la
doctrine officielle des sociétés d'immigrants comme
les Etats-Unis (et aussi le Canada fédéral) et il semble
parfaitement approprié à son époque et à sa place.
En effet, les Etats-Unis ne sont pas un Etat-nation
mais une « nation de nationalités », selon la formule
d'Horace Kallen dans les années vingt, ou encore
une « union sociale d'unions sociales », selon la formulation plus récente de John Rawls. Ici, l'union au
singulier demande à être distinguée des unions au
pluriel, car elle refuse d'avaliser ou d'encourager
leurs modes de vie, de prendre un intérêt actif dans
leur reproduction sociale ou de permettre à l'une
d'elles d'accaparer un pouvoir de type étatique,
même localement. Etant donné l'absence de minorités à forte base territoriale, l'union américaine n'a
jamais eu à affronter de défi « québécois ». Les
unions au pluriel sont libres de faire du mieux
qu'elles peuvent, chacune pour elle; mais elles ne
reçoivent aucune aide de l'Etat et encourent toutes
les mêmes risques. Tant que le libéralisme 1 reste en
jeu, il n'y a ni majorité privilégiée ni minorités
exceptionnelles.

Telle est la doctrine officielle. Il est certain que la
neutralité de l'Etat est souvent hypocrite et toujours
incomplète (pour des raisons que Taylor démontre
parfaitement). Certaines nationalités, unions sociales
ou communautés culturelles risquent plus que
d'autres. La culture publique de la vie américaine

prête davantage son appui à telle façon de vivre qu'à telle autre. Ce n'est pas seulement une affaire d'histoire et de chiffres, mais aussi de richesse et de pouvoir. De là les politiques contemporaines de « multiculturalisme », lequel est, sous l'une de ses formes, une exigence de compensation à la richesse et au pouvoir, et d'égalité devant les risques. Je ne sais pas trop comment l'on peut obtenir ce résultat, mais cela est au moins compatible, en principe, avec le libéralisme, c'est-à-dire avec un Etat neutre qui ne prend aucune responsabilité envers la survivance culturelle de quiconque.

Pourtant, sous une autre de ses formes, le multiculturalisme est une demande de minimisation des risques pour toutes les nationalités, unions sociales et communautés culturelles. L'Etat y est invité à se charger de la survie (culturelle) de chacun. C'est le libéralisme du second type, à cela près que la « permission » (latitude) suggérée par Taylor pour des projets officiels comme celui des Québécois est ici transformée en exigence. Une fois encore, je ne sais pas quelle politique d'Etat cela pourrait requérir effectivement. Que devrait faire l'Etat pour garantir ou même commencer seulement de garantir la survie de toutes les minorités qui composent la société américaine ? Il devrait certainement aller bien au-delà de la reconnaissance officielle de l'égalité de valeur pour leurs différents modes de vie. Les divers groupes minoritaires exigeraient de contrôler la monnaie publique, les écoles entièrement ou partiellement séparées, des quotas de postes encourageant à s'inscrire avec tel ou tel groupe, etc.

Devant une telle perspective, je penche (tout comme Taylor, selon moi) vers un libéralisme du premier type – pour nous, pas pour tous les pays : le libéralisme 1 choisi de l'intérieur du libéralisme 2. *De l'intérieur* : cela signifie que le choix n'est pas gouverné par un engagement absolu de neutralité d'Etat ou de droits individuels – ni par le profond mépris des identités particulières, si commun parmi les libéraux du premier type. Il est dicté, au contraire, par la condition sociale et par les choix de vie réels des hommes et des femmes *d'aujourd'hui.*

De fait, je choisirais le libéralisme 1, en partie au moins parce que je pense que ceux qui immigrent dans des sociétés comme la nôtre ont déjà fait le même choix. Ils étaient prêts – et ils le sont toujours – à prendre des risques culturels lorsqu'ils sont venus ici, laissant derrière eux les certitudes de leur ancien mode de vie. Il y a assurément des moments de chagrin et de regret lorsqu'ils comprennent l'importance de ce qu'ils ont laissé derrière eux. Néanmoins, les communautés qu'ils ont créées ici sont différentes de celles qu'ils connaissaient auparavant, précisément en ce sens qu'elles sont adaptées à – et modelées par – l'idée libérale des droits individuels. Il nous faudrait restreindre considérablement ces droits, bien au-delà de ce qui est demandé au Québec, si nous devions traiter nos minorités comme des espèces menacées en quête de prise en charge et de protection officielle.

Ainsi, de l'intérieur du libéralisme 2, en équilibrant l'égalité des droits et la survie culturelle, comme Taylor suggère que nous pouvons et devons le faire, je choisirais le libéralisme 1 – chez nous, pas partout. Je ne vois pas pourquoi un libéralisme de ce type ne pourrait pas entretenir des écoles où l'étude de l'altérité – spécialement de toutes les sortes d'altérité locale – serait menée avec le profond sérieux requis dans l'essai de Taylor. De fait, quelle autre sorte de libéralisme – ou d'antilibéralisme – pourrait être en mesure de fournir ce soutien, en encourageant les gens à étudier la culture des autres, avant que l'avenir de la leur ne soit garanti?

COLLABORATEURS

Amy Gutmann est *Laurance S. Rockefeller Professor* de politique à l'université de Princeton et directrice du Centre universitaire pour les valeurs humaines, ainsi que du programme d'éthique et d'affaires publiques. Parmi ses publications, il faut mentionner *Democratic Education, Liberal Equality, Democracy and the Welfare State* et *Ethics and Politics*. Elle a également donné des cours et publié des articles sur une grande variété de sujets en philosophie politique, morale pratique et éducation. Elle a aussi été vice-présidente de l'*American Society for Political and Legal Philosophy*, de l'*Institute of Society, Ethics and the Life Sciences* et du *Board of Directors and Faculty of Salzburg Seminar*. Elle a été *Rockefeller Fellow Visitor* à l'*Institute for Advanced Study*, et professeur invité à l'université de Harvard. Elle est diplômée du *Harvard-Radcliffe College*, maître de la *London School of Economics* et docteur de Harvard.

Steven C. Rockefeller est professeur d'études religieuses à *Middlebury College*, où il a été directeur de département et doyen du collège. Ses recherches et son enseignement portent sur l'intégration des valeurs économiques, de l'écologie et de la religion.

Auteur de *John Dewey : Religious Faith and Democratic Religious Humanism,* il est membre de la
Commission nationale pour l'environnement sous
le patronage du *Word Wildlife Fund.* Il est aussi
président et fondateur du *Wendel Gilley Museum* à
Southwest Harbor (Maine). Il a dirigé le sympo-
sium interconfessionnel *Spirit and Nature : Religion, Ethics and Environmental Crisis,* a fait de
nombreuses conférences sur la nature, les valeurs
et la spiritualité, et a été interviewé par Bill
Moyers pour « A World of Ideas ». Il est licencié de
l'université de Princeton, maître de l'*Union Theo-
logical Seminary* et docteur de l'université Colum-
bia.

CHARLES TAYLOR est professeur de philosophie et de
sciences politiques à l'université McGill. Il a été
pendant plusieurs années *Chichele Professor* de
théorie sociale et politique à Oxford et membre de
l'*All Souls College.* Il a également enseigné dans les
universités de Montréal, Princeton et Berkeley ; il
a donné des conférences dans plusieurs universités
du monde entier. Parmi ses livres, il faut citer *The
Explanation of Behavior, Hegel, Human Agency
and Language, Philosophy and the Human Sciences*
et, tout récemment, *Sources of the Self.* Il a publié
de nombreux articles et recensions sur la philosophie, la psychologie et la politique. Il est engagé
politiquement comme candidat du Nouveau Parti
démocratique au Parlement canadien. Il a récemment été nommé au « Conseil de la langue française » dans son Québec natal, où il prend une part
de plus en plus active à la vie publique.

MICHAEL WALZER est membre permanent de la
faculté à l'Ecole des sciences sociales de l'*Institute
for Advanced Studies* de Princeton. Avant de

rejoindre ce poste, il a enseigné à Princeton et Harvard, et obtenu une récompense nationale pour l'excellence de son enseignement de la part de la fondation Danforth. Parmi ses nombreux livres, citons *The Revolution of the Saints* (couronné en 1991 par le *Benjamin E. Lippincott Award* de l'*American Political Science Association*), *Obligations, Just and Unjust Wars, Spheres of Justice, Interpretation and Social Criticism* et *The Company of Critics*. Il est l'un des éditeurs et collaborateurs des revues *Dissent* et *The New Republic*, et il est membre du comité éditorial de *Philosophy and Public Affairs* et de *Political Theory*. Il collabore fréquemment à toutes ces revues et à d'autres journaux. Il est diplômé de l'université Brandeis et docteur en sciences politiques de Harvard.

Susan Wolf est professeur de philosophie à l'université John Hopkins. Elle a enseigné à Dartmouth, Harvard, Princeton et à l'université du Maryland. Elle est l'auteur de *Freedom Within Reason* et de nombreux articles en morale et philosophie, dont « Moral Saints », « Above and Below the Line of Duty », « Sanity and the Metaphysics of Responsability », « Ethics, Legal Ethics, and the Ethics of Law » et « The Importance of Free Will ». Elle a obtenu des bourses de l'*American Council of Learned Societies* et de l'*American Association of University Women*. Elle collabore au *Journal of Philosophy, Mind, and Ethics*, et fait partie de son comité éditorial. Elle est licenciée en mathématiques et philosophie de Yale et docteur en philosophie de Princeton.

INDEX

TABLE DES MATIÈRES

Achevé d'imprimer en septembre 2014
sur les presses de l'imprimerie Maury Imprimeur
45330 Malesherbes

N° d'édition : L.01EHQN000397.B003
Dépôt légal : octobre 2009
N° d'impression : 14/09/192864

Imprimé en France